나르시스의 연못

—문학 속에 담긴 문학의 자화상—

나르시스의 거울

문학 속에 담긴 문학의 자화상

장 미 영 지음

이화여자대학교출판부

책을 펴내며

당산철교를 건너며 우연히 '나르시스'라는 단어를 떠올린 게 꽤 한참 전의 일이다. 강물이 된 노을 덕택이었는지, 제목은 책에 살을 입히기도 전에 예감처럼 그렇게 저절로 생겨난 셈이다.

이 책은 몇 학기에 걸친 세미나 〈독일어권 문학의 이해〉에서 비롯되었다. 그리고 우연히 그간 다루었던 내용을 들여다보던 어느 날 '그날'의 나르시스를 다시 기억해내면서, 엉성하게나마 제 나름의 틀을 갖추게 되었다. 충분히 많은 예외가 있다는 걸 전제로 한다 하더라도, 결국 문학이란 스스로에게 던지는 '문학이란 무엇인가'라는 근본적인 질문을 담은 그릇에 다름 아니라는 생각에 이른 것이다.

여기 실린 열두 편의 글을 쓰면서 가장 중요하게 다룬 재료는 역시 문학 작품이다. '안개' 걷힌 하늘의 태양을 직접 우러르고 싶은 터무니없는 욕심이었다고나 할까. 문학 작품을 해석한다는 미명하에 숱한 이차 문헌을 읽어야 하는 노고에 시달려온 나로서는 '지식 콤플렉스'로부터 자유로워지는 시간이었다. 이곳저곳에 원전의 구절들을 수시로 인용해놓은 이유도 이 '무모한 자유'를 독자들과 공유하고 싶었던 까닭이다. 전에 읽었던 글이나 개인적 체험들도 다시 찾아낼 수 없을 만큼 여기 형체 없이 녹아 있을 것이다.

그리고 지금은 어디론가 흩어졌지만, 진지하고 창의적인 발상으로 강의를 풍요롭게 했던 학생들이 이 책의 숨은 공저자들이라고 하면 과장이 될까. 그런 의미에서 일부 독자가 구절마다 자기 생각을 다시 확인할 수 있다면 나에게는 큰 기쁨이 될 것이다. 애초에 독서의 즐거움은 그들의 몫이라 믿기 때문이다.

짧지 않은 세월에 걸친 문학에의 길을 여기 일부나마 한데 묶어내게 된 것은 독일 문학에 진 그간의 빚을 덜고자 하는 압박감에서였다. 그러나 막상 그 생각이 구체화되어가면서, 짐을 벗기보다는 오히려 더 버거워진 느낌이다. 하지만 아직도 구멍이 숭숭 뚫린 원고 뭉치를 건네주게 한 것은 '문학이란 무엇인가'라는 물음으로 우리를 되돌아가게 하는 작은 계기가 되기를 바라는 마음이다.

이미지 자료를 정성껏 준비해주며, 어느새 빛바랜 '일상'이 되어버린 어줍잖은 '열정'을 새삼 환기시켜준 이화진 선생님과 '등잔 밑'까지 세심하게 살펴주신 이화여자대학교출판부 이혜지 선생님께 무거운 고마움을 드린다.

2008년 봄 신촌에서

장 미 영

차례

책을 펴내며　4

서론 : 문학에게 문학을 묻는다　9

1 작가의 자의식과 문학의 거울

예술 또는 문학에 대한 이유 있는 변명?　23
– 파트리크 쥐스킨트의 『향수 : 어느 살인자의 이야기』

창조의 불을 훔치다　55
– 요한 볼프강 폰 괴테의 시 「프로메테우스」

사死의 찬미　81
– 토마스 만의 소설 「베니스에서의 죽음」

문학의 진실 게임　117
– 송경아의 소설 「책」

2 언어에 대한 성찰로서의 문학

니힐리즘의 언어에서 창조의 언어로　131
– 고트프리트 벤의 시 「한 단어」

완벽한 은유로 남은 한 편의 시 153
– 영화 「일 포스티노」

밤을 밝혀 쓴 가을의 편지 169
– 라이너 마리아 릴케의 시 「가을날」

겸허한 모국어로 채워진 시간의 기도 181
– 김현승의 시 「가을의 기도」

3 '존재'를 밝혀주는 새로운 형식의 탐구

존재에 대한 사유의 가능성으로서의 소설 193
– 밀란 쿤데라의 소설 『불멸』

더 이상 모독당하지 않는 '오늘날'의 관객을 위하여 213
– 페터 한트케의 드라마 『관객 모독』

4 문학의 시선과 역사의 렌즈

과거와의 화해, 그리고 용서 241
– 베른하르트 슐링크의 소설 『책 읽어주는 남자』

언어와 침묵의 변증법 261
– 파울 첼란의 시 「모래예술은 이제 그만」

찾아보기 284

서론 : 문학에게 문학을 묻는다

십수 년 전부터 공공연히 인구에 회자되어온 '문학의 종말'이란 열쇠어는 엄격하게 말하자면 작가와 작품의 부재와 관련되기보다는 독자층이 일방적으로 감소하는 데서 비롯된 것으로 보인다. 여전히 많은 소설과 시, 희곡이 쓰여지고 있으며, 이른바 문학의 매체적 변용인 드라마와 영화에서 내러티브가 차지하는 중요성과 콘텐츠에 대한 관심은 오히려 날이 갈수록 더욱 커지고 있기 때문이다. 이 상황을 염두에 두면, '문학의 종말'은 앞으로 문학의 활로에 결정적인 역할을 할 새로운 독자층의 확보를 촉구하는 역설적 표현으로 이해되어야 한다. 그리고 더 나아가 이 화두는 획기적인 콘텐츠의 필요성만큼이나 문학을 수용하는 독자의 읽기 방법까지도 변화되어야 한다는 것을 에둘러 말하고 있다.

문학이 직면한 현 상황에 대한 이러한 인식은 문학의 본질에 관한 자체 물음을 주제로 하는 과거와 현재의 문학 작품들에 대한 관심을 자연스레 일깨운다. 왜냐하면 독자에 대한 요구는 역설적이게도 '문학' 자체의 문제, 즉 '문학은 무엇으로 독자를 설득시킬 수 있는가'라는 문제로 소급되기 때문이다. 말하자면 이 책은 작가의 자의식과 문학의 자체 의미, 사회적 과제, 창작과정과 방법, 문학 작품의 형식과 언어기법 등 이른바 '시학적詩學的' 동인을 중심에 두는 작품들에 접근하려는 시도이다. 우리 문학계에서는 개념조차 생소한 소위 '시학적' 문학의 중요성은 아무리 강조해도 지나치지 않다. 무엇보다도 간과해서는 안 될 점은 이 문학이 단순히 나르시시즘적 자기투영에 그치지 않고 문학과 사회의 상호 관계의 역사를 보여주는 기록으로서의 가치를 충분히 지니고 있다는 사실이다. 여기에는 시대를 향한 작가의 통찰이 반영되는 동시에, 역으로 문학에 대한 동시대의 요청이 구현됨으로써, 문학의 사회적, 역사적 관점까지도 제시되고 있다는 것이다.

문학의 사회사적 맥락을 고려할 때, 현대 문학에서 목도되는 자기분석적 성향은 더욱 비중 있게 받아들여져야 한다. 작가와 작품의 도덕적 존재감은 동서양을 막론하고 수천 년에 걸친 문학 전통을 지배해왔다고 해도 과언이 아니다. 그리고 문학이 지닌 이런 윤리 지향적 특성은 맹목적 정당성을 부여받기에 충분한 근거가 되었다. 그러나 특히 19, 20세기 전환기를 거치며 문학의 위상이 급격히 달라지면서 그 주제와 형식도 동반적으로 변화를 겪게 된다. 무엇보다도 빠르게 기술화, 상업화되어가는 세계에서 작가는 사회적 모범으로서의 기능을 더 이상 주장할 수 없게 되었고, 이에 따라 시의적 문제들과 대치되는 상황에서 문학의 역할 역시 변화된 사회 조건에 상응하여 새로이 규정될 수밖에 없었기 때문이다.

이 같은 문학적, 사회적 상황을 배경으로 필자는 문학의 실존의식이 강하게 투영된 작품들을 선별하고, '문학'이라는 하나의 키워드를 매개로 하여 색다른 '문학 읽기'를 시도하고자 한다. 문학 작품을 해석하는 방식은 지금까지 존재해온 작품과 독자의 수만큼이나 다양할 수 있다. 그리고 이 무한대의 방법론적 가능성들을 몇 가지 틀에 체계적으로 집약시킨 이론가들의 노고는 높이 평가할 만하다. 이들은 독서의 방식을 정신사적, 작품 내재적, 사회사적, 정신분석학적, 마르크스주의적 방법론에서부터 여성주의 이론과 문화 이론을 동원한 최근 방법론에 이르기까지 철저히 개념화했다. 하지만 정작 '문학의 존재론적 담론'을 자체 주제로 하는 문학 작품이 그처럼 다양하게 존재함에도 불구하고 '문학'이라는 코드로 이들을 조명하려는 시도는 우리 문학에서든 외국 문학에서든 아직까지 포괄적으로 이루어지지 않고 있는 실정이다. 더욱이 이제 우리 문학 작품에도 심심치 않게 등장하기 시작한 이 새로운 주제군群은 통용될 만한 통일된 개념조차 아직 갖추지 못하고 있다.

이와 같은 연구 상황에서 여러 가지 장르와 형식을 '문학'이라는 표제어 아래 묶어내려는 시도는 시기적절하고 필수적인 작업이라 여겨진다. 우선 필자는 '문학의 자화상'이라는 주제가 서로 다른 시대의 작가들에게서 어떻게 그 나름의 고유한 형식의 옷을 취하면서 다양하게 변용되는지를 분석하고자 한다. 그리고 더 나아가 '이러한 형상화가 개별 작가의 문학관과 어떤 유기적 관계를 창출하는가'라는 문제에까지도 접근하고자 한다. 그러나 이 책은 '문학'이라는 주제가 문학 작품 속에 형상화되는 과정과 양상을 평면적으로 재구성하는 데만 국한되지 않는다. 필자가 염두에 두고 있는 또 하나의 의도는 이 주제를 축으로 하여 '문학의 역사성'의 윤곽을 그려내보자는 데 있다. '문학의 역사성'이라는 개념은, 의도적이든 그렇지 않든, 문학 작품이 각각의 시대를 나름대로 충실하게 반영한다는 의미에서 유효하다. 이는 문학이 시대와 역사에 제한된 존재, 즉 시대와 역사의 산물이라는 뜻으로도 풀이된다. '문학이란 무엇인가'라는 물음을 전면에 두고 이 책에서 시도되는 개별 작품 분석은 문학이 시간의 기록으로서의 기능과 역할을 일정 부분 담당해왔다는 사실을 재차 확인시켜줄 것이다. 그리고 이러한 작업을 통해 '문학의 종말'을 예언하는 이 위협적 시대에 귀 기울일 만한 문학의 '효용성'에 대해 재고하는 생산적 계기가 되기를 기대해본다.

이를 위해 필자는 최근까지 연구와 교육 현장에서 개인적으로 큰 의미를 지녔던 열두 편의 문학 작품을 선정하여, 이들을 크게 네 주제로 분류했다. 이 네 가지 대상은 첫째, 작가의 자의식을 주제로 하는 문학, 둘째, 언어적 성찰이 담긴 문학, 셋째, 새로운 형식을 추구하는 문학, 넷째, 문학의 사회적 의미를 다루는 문학이다.

첫 번째 대주제는 작가의 실존적 문제의식과 관련된다. 여기서 조명되는 작품들은 특히 '소외'라는 공통분모를 가진 시대의 작가들에게 부과되는 부담감과 사회적 고립의 징후를 반영하고 있다. 첫 번째로 다루어진 대상은 독일의 베스트셀러 작가 파트리크 쥐스킨트의 소설 『향수』다. 일차적으로 이 소설은 냄새 또는 향수에 관한 소설이지만, 처음부터 향수, 즉 '아름다움'에 대해, '아름다움의 창조'에 대해 화두를 던지고 있다. 필자는 '향수=예술'이라는 단초를 가지고 전체 소설을 재구성하고자 한다. 특히 언어 이외의 다른 매체로는 구체적으로 재현할 수 없는 냄새의 감각적 특성에서 출발하여 향수와 문학 작품의 동질성을 추적한다. 이러한 시도는 니체의 미학적 비도덕주의를 거쳐 포스트모더니즘적 글쓰기에 관한 논의로 이어진다. 이 일련의 접근과정은 이 '엽기적' 소설이 독자로 하여금 문학의 '이유 있는 변명'에 기꺼이 동의하게 하는 탁월한 '메타 문학'임을 보여준다.

이어지는 작품은 자유리듬 형식으로 쓰여진 괴테의 시 「프로메테우스」다. 인간에게 불을 훔쳐다주어 창조적 삶을 가능하게 했다는 그리스 신화의 프로메테우스는 상이한 시간과 공간 속에서 그때그때마다 새로운 예술적 해석의 대상이 되었다. 루벤스를 비롯한 일련의 화가들의 회화와 리스트의 교향시를 굳이 언급하지 않더라도 말이다. 하지만 괴테 해석의 고유성은 그가 제우스의 절대적 권력에 대항하고 미천한 인간 세계에 기꺼이 동조했던 프로메테우스에게서 궁정과 귀족 사회로부터 독립하여, 예술적 자율성에 토대를 둔 새로운 시인상을 찾았다는 데 있다. 괴테에 의해 창조적 예술가의 모델로 재탄생된 프로메테우스는 19세기 말 니체에 이르기까지 '시대적' 문화 아이콘으로서의 위상을 누리게 된다. 이 글에서는 프로메테우스라는 인물이 새로운 맥락으로 재해석되어가는 과정뿐 아니라, 이 '반항적'인 캐릭터를 효과적으로 형상화하기 위해 어떤 언어적 기법이 활용되는지가 아울러 조명될 것이다.

세 번째 작품인 토마스 만의 소설 「베니스에서의 죽음」은 그 문학적 완성도로 이미 큰 의미를 지니는 동시에, 루키노 비스콘티에 의해 동명의 영화로 제작되어 화제를 모으기도 했다. 소설은 19세기에서 20세기로 넘어가는 세기말 유럽에서 데카당스라는 이름으로 유행병처럼 번졌던 '감각적 몰락'의 문제를 화두로 삼고 있다. 주인공인 소설가 구스타프 아셴바하는 어느 날 갑자기 시민적, 규범적 예술가의 삶으로부터 일탈하여 베니스로 간다. 그리고 거기서 우연히 타치오라는 미소년을 만나면서, 그에게 구현되어 있는 절대적 아름다움에 매혹되어 기꺼이 죽음의 세계로 빠져든다. 이 글에서는 토마스 만이 이런 심미적 몰락의 과정을 어떻게 특유의 문체로 표현해내면서 세기말 예술가들의 의식과 미적 경험의 저변을 반영하는지가 추적될 것이다.

마지막으로 다루어질 작품은 송경아의 단편소설 「책」이다. 「책」은 문학과 진실의 문제를 직접 대면시킴으로써 '작가는 영원한 진실을 추구한다'라는 전통적인 문학관에 정면으로 도전장을 던진다. 그리고 궁극적으로 '삶의 진실성과 글을 쓰는 행위는 과연 어떤 관계에 있는가'라는 질문을 통해 저자의 회의적 작가의식을 노출하는 동시에 이를 철저히 점검한다. 이 과정을 거치며 그녀는 '위장'으로서의 글쓰기란 혼란스럽고 불완전한 인생까지도 수용할 수 있게 하는 아이러니한 해결책에 다름 아니라는 결론에 이른다.

두 번째 대주제는 문학과 불가분의 관계에 있는 '언어'에 관한 것이다. 언어는 문학을 가능하게 하는 최소 단위이자 출발점이며, 이런 이유에서 한 작가의 언어의식이야말로 그의 문학관을 집약적으로 드러내주는 단서가 되기 때문이다.

처음으로 살펴볼 소주제는 시학적 시 「한 단어」에 나타난 고트프리트 벤의 언어관이다. 벤 시학의 독창성은 현실과 언어의 관계를 전도한다는 데 있다. 말하자면 그의 시에서는, 과거의 문학이 일반적으로 표방해온 것과는 달리, 언어가 현실을 반영하는 수단으로 존재하지 않고, 오히려 언어 자체가 절대적이고 유일한 현실이 된다. 이것은 세계가 미적 현상으로서만 존재한다는 니체의 예술관의 변주로서, 20세기 초·중반의 경험적 현실을 바라보는 시인이 너무도 무기력한 예술에 대해 부여한 일종의 '면죄부'로 이해되어야 한다. 이 글에서는 「한 단어」, 「시」 등 몇몇 후기 시를 예로 하여 '언어를 통한 이 세계의 창조', '단어를 통한 실존의 해명'이라는 벤의 문학적 요구가 어떻게 구현되는가를 분석할 것이다.

두 번째로 다룰 작품은 하나의 거대한 은유의 언어로 이루어진 영화 「일 포스티노」이다. 이 영화를 열두 주제 중 한 편으로 포함시킨 이유는 일반적으로 영화의 내러티브와 문학의 그것이 유사한 구조를 가진다는 사실에만 있지는 않다. 이 영화는 그 자체로 문학에 대한 심오한 상징이다. 영화는 우선 시인 네루다와 우체부 마리오가 나누는 '은유'에 대한 대화로 문학이라는 모티브를 전면에 드러낸다. 하지만 정작 더 중요한 것은, 영화가 이들 두 인물 자체를 '은유'로 내세워 '문학 또는 시란 무엇인가'라는 질문에 보다 본질적으로 접근하고 있다는 사실이다. 여기서 필자는 영화 속에 은밀하게 감추어진 시와 시어의 본질, 그리고 은유를 여러 가지 구도를 통해 조명하고자 한다.

시인됨의 의미를 언어의 연금술로 재현한 릴케의 시 「가을날」은 이 장의 세 번째 소주제가 된다. 흔히 가을의 서정을 대표하는 시로 일컬어지는 「가을날」은 자연의 풍요로운 완성과는 반대로 언제나 '과정' 속에 존재할 수밖에 없는 시인의 실존, 그리고 이에 따른 근원적 고독을 릴케 특유의 언어로 표현해낸다. 무엇보다 그의 시어가 돋보이는 이유는 이 자기성찰적 내용에 상응하는 음향적 효과를 창출해낸다는 데 있다. 우선 이 시는 시행의 끝소리가 일정한 법칙 속에서 움직이는 '각운'의 효과를 최대화한다. 뿐만 아니라 바람소리를 재현하는 무성음으로 이루어진 '음화音畵'는 고독한 가을 서정의 깊이를 더해준다. 시상이 전개됨에 따라 단음斷音을 점점 더 많이 사용하여 시의 템포를 빨라지게 하는 기법도 여기서 언급하지 않을 수 없다. 이와 같은 언어 효과는 단순한 '수단'을 넘어서는 시의 '본질'로서의 언어에 대한 릴케의 뿌리 깊은 믿음을 엿보게 해준다.

네 번째 소주제는 앞서의 시 「가을날」과 깊이 연관된다. 김현승의 시 「가을의 기도」는 릴케의 「가을날」의 서정을 우리 언어로 옮기기를 시도한 시로서 특별한 관심을 끈다. 필자는 단순히 관련 모티브들을 비교하는 데서 그치지 않고, 상이한 언어로 이루어진 두 시의 내적, 외적 구조가 어떻게 일치하거나 변주되는지를 살펴보고자 한다. 이 과정에서 김현승 시인이 '기도의 언어'로 조탁해낸 '시의 언어'란 과연 무엇을 의미하는지도 새로운 문맥에서 찾아낼 수 있을 것이다.

세 번째로 살펴볼 대주제는 문학의 새로운 형식에 관한 것이다. 문학에 대한 성찰이 몇몇 작가에게서 색다른 형식 실험으로 이어지는 현상은 결코 우연이 아니다. 답습을 거부하는 이 작가들은 기존 문학 규범의 카테고리를 벗어나는 형식 이론을 제시할 뿐 아니라, 다소 추상적으로 보일 수 있는 이 이론을 자신의 작품으로 구체화시킨다. 이 장에서는 이들이 이론과 실제의 조화를 이루어내는 형상화 작업을 통해 언어의 조련사로 거듭나는 과정을 추적해보고자 한다.

밀란 쿤데라가 여타의 동시대 작가들 가운데서 돋보이는 주된 이유는, 조금 과장된 표현이기는 하지만, 소위 '문자 문화의 종말'을 공공연히 인정하는 이 시대에 소설의 필연적 존재 이유를 가늠하고 새로운 소설의 가능성을 부단히 타진한다는 데 있다. 그리고 끊임없는 형식 탐구의 과정을 통해 그는 자신의 소설 속에 이 가능성을 구현해낸다. 그의 작가의식이 가장 두드러지는 작품은 소설 『불멸』이다. 이 소설에는 작가 자신이 제시하는 '소설 후 시대의 소설'을 위한 세 가지 프로그램이 반영되어 있는데, 그중 특히 흥미로운 것이 바로 '소설적 대위법'이다. 필자는 이 글을 통해 쿤데라가 음악의 형식 원리를 문학에 차용하는 과정을 따라가면서, 이 '실험'에 담긴 그의 문학의 창조적 의미를 자리매김하고자 한다.

이어서 다루어질 작품은 페터 한트케의 드라마 「관객 모독」이다. 우리나라에서도 1976년 이래 여러 차례 상연되어 주목을 받아온 이 작품 역시 드라마라는 장르 자체에 대해 성찰하는 내용으로 전통의 틀을 '배반'하는 형식을 취한다. '수용자'인 수동적 관객과 '생산자'인 배우 양편에 가해지는 거침없는 독설을 통해 타성에 젖어버린 관객을 철저히 '모독'하는 동시에 변화된 사회와 의식 구조가 요구하는 독창적 드라마 형식을 「관객 모독」은 구현한다.

네 번째 대주제는 작가의식과 사회적 문제의식이 일정한 관계 속에서 움직이는 작품들을 대상으로 한다. 말하자면 작가의 역사 인식이 반영되거나 문학과 역사의 관계가 핵심 주제로 부각되는 작품을 분석하면서, 앞서 언급했던 '문학의 사회적, 역사적 관점'을 보다 구체적으로 재고하는 기회를 마련하고자 한다.

첫 번째로 분석한 작품은 베른하르트 슐링크의 소설 『책 읽어주는 남자』다. 소설은 우선 '책'이라는 주제이자 소재를 한 축에 놓는다. 그리고 '책' 즉 문학 작품을 접하면서 주인공들의 삶의 태도가 어떤 방향으로 선회하는가를 보여줌으로써 문학이 개인의 삶에 끼치는 영향력을 부각시킨다. 그러나 이 소설이 특별한 이유는 한 개인의 태도 변화를 보여주는 데서 그치지 않고 '책읽기'와 '책쓰기'의 내적 함수 관계까지도 제시한다는 데 있다. 또 다른 한 축을 이루는 것은 '삶에 대한 문학적 접근과 역사적 접근의 차이가 무엇인가'라는 질문이다. 과거와 '화해'하는 문학과 역사의 상이한 방식에 대해 묻고 답하는 과정은 삶을 바라보는 독자의 내적 지평을 확장시키는 계기가 될 수 있을 것이다.

두 번째 분석 대상은 비극적 시인 파울 첼란이다. 소위 '영점 시대'의 시라 일컬어지는 독일 전후 서정시의 문학적, 사회적 의미는 아무리 강조해도 지나치지 않다. 예술 작품이 제반 사회 조건과 미적 인식 간 상호작용의 산물이라 전제할 때, 당시 파국적 상황이 글쓰기에 끼친 제 영향을 우리는 짐작하고도 남기 때문이다. '영점 시대'라는 시점에서 시인들에게 가장 중요했던 것은 어떻게 과거의 상흔을 씻어내고 다시 시작하는가의 문제였다. 역사적 맥락에서 추구되었던 이 '새로움'은 문학의 내용뿐 아니라 언어에 대한 새로운 관계까지를 포함한다. 이때 시인 첼란이 발견한 것은 일견 이율배반적으로 들리는 '침묵의 언어'이다. 필자는 이 글을 통해 '침묵'과 '언어'의 관계를 변증법적으로 고찰하고자 한다. '왜 침묵하는가'의 문제는 '말한다는 것은 결국 무엇을 의미하는가', '문학 즉 글쓰기는 무엇을 의미하는가'라는 질문에 대한 답을 우회적으로 도출하기 때문이다.

지금까지 간략하게 소개했듯이 이 책은 문학의 존재론적 담론을 주제로 하는 열두 편의 '시학적 문학'을 대상으로 한다. 문학을 업으로 하는 한 사람의 평범한, 아니 어쩌면 조금 보수적인 시각에서 보면, 최근 영상 매체에 쏠리는 폭발적인 관심은 의도하지 않게 기존 언어 문화의 업적을 퇴색시키는 결과를 가져왔다. 그러나 영상 매체는 문자의 한계를 보완하는 장점을 가지고 있으면서도 자체 한계에는 속수무책이기 때문에, 문자와 영상의 상호보완적 관계는 어떤 방식으로든지 유지되어야 한다. 그런 의미에서 어느 때보다도 문자 매체에 대한 집중적 성찰을 요구하는 이러한 견해는 '매체 간 균형'이라는 다매체 시대의 요청으로 해석되는바, 이런 상황에서 문학의 중요성은 아무리 강조해도 지나치지 않다. 이 책은 문학 속에 형상화된 언어와 문학의 문제를 집중적으로 담론화한다. 그리고 이런 방식으로 문학과 언어, 그리고 문자 문화의 위기 상황을 진단하고 이를 균형 있게 극복하는 데 직·간접적으로 기여하고자 한다.

예컨대 우선 비교문학적 차원에서 보면, 이 글들은 우리의 최근 문학뿐 아니라 전통적으로 의미를 지녀온 문학 작품에 대한 해석의 지평을 좀더 확장할 수 있을 것이다. 이 새로운 읽기 방식은 다른 고유한 언어적 특성에 기반을 둔 외국 문학의 모티브나 기법을 우리 언어와 문학 형식에 실험하고 적용하는 기회를 제공하는 가능성으로 확대 재생산될 수 있다. 문학 연구에서 아직 개념화, 통용화되지 않은 '시학적 문학'의 개념을 학문적 담론의 장으로 끌어들임으로써, 우리 문학계가 자국 언어에 대해 갖는 관계를 되돌아보게 하는 계기가 될 뿐 아니라, 점차 상실되어가는 언어적 감수성도 새로이 일깨울 수 있으리라 생각한다.

또한 이 글들은 문학 작품을 단순히 '해부'하는 데 그치지 않고, 역으로 글쓰기의 여러 가지 단면들을 노출시킨다. 이러한 작업을 통해 최근 예술과 문화의 흐름을 주도하는 영상 매체의 콘텐츠가 될 새로운 글쓰기의 가능성까지도 제시할 수 있다.

그러나 무엇보다도 필자가 소원하는 바는, 다양한 작품 해석을 통해 문학애호가, 특히 문학을 공부하는 학생들이 책을 읽는 즐거움과 방법을 발견하고, 아울러 상실된 문학 독자층이 새로이 확보되는 것이다. 오늘날의 언어 문화적 상황, 소위 '문학의 종말'을 꾸준히 예고하고 '선동'하는 이 시대에 문학의 존재 의미와 문학적 상상력이 지닌 잠재력에 대한 설득력 있는 진단과 대안을 재고하는 계기를 마련할 수 있기를 '감히' 기대해본다.

1

작가의 자의식과 문학의 거울

- 예술 또는 문학에 대한 이유 있는 변명?
- 창조의 불을 훔치다
- 사死의 찬미
- 문학의 진실 게임

:: 파트리크 쥐스킨트의 『향수 : 어느 살인자의 이야기』

예술 또는 문학에 대한 이유 있는 변명?

동서고금의 문학 전통에 아주 드물고 희미하게만 존재하던 '냄새'의 영역을 찾아내어 미학적 의미를 당당하게 부여한 소설이 바로 쥐스킨트의 『향수』다. 이 작품은 냄새에 의해 착상되어 그 냄새를 언어로 바꾸기를 시도한, 그래서 독자로 하여금 가능한 모든 냄새를 상상하게 하는, 가히 '냄새의 책'이라 해도 지나치지 않다. 그만큼 냄새라는 소재, 냄새에 대한 묘사 없이는 소설 자체가 불가능해질 정도로 후각적 이미지로 각인된 소설이라는 말이다.

그뿐 아니라 소설은 단순성을 기본 이미지로 하는 쥐스킨트 문학의 카테고리를 처음부터 벗어나 있다는 점에서도 독자의 시선을 끈다. 1985년 무명 작가 쥐스킨트를 일약 세계적 스타덤에 올려놓았던 처녀작인 모노드라마 『콘트라베이스』뿐 아니라 이후의 『비둘기』, 『좀머 씨 이야기』 등과 비교해보면 이러한 특징은 아주 쉽게 감지된다. 위에 언급한 작품들은 사회적 안전망을 벗어나 있거나, 그 경계에서 줄타기를 하는 평범한 소시민들의 소외 문제를 주요 이슈로 삼았었다. 반면 『향수』는 오히려 일상적 삶의 틀을 벗어난 인생을, 다시 말해 기막힌 출생에서부터 어이없는 죽음에 이르기까지 특이하기 짝이 없는 주인공 그르누이의 삶에서 일어나는 기상천외한 사건들을 엮어나간다. 그리고 이 굴곡 많은 인생 역정을 긴장감 있게 묘사하기 위해 작가는 또다시 예외적인 인간 유형들을 상이한 상황에 등장시켜 한층 더 복잡하고 치밀한 이야기 구성을 펼쳐놓는다.

그러나 역시 그러한 특징들로도 이 소설이 가진 '미덕'이라고 할 수 있는 '재미'가 모두 다 설명되지는 않는다. 소설의 재미를 만들어내는 것은 이를테면 모종의 긴장감과도 연관되어 있다. 물론 일견 작가가 던져놓은 이러한 긴장감의 승부수는 이미 제목에서도 어느 정도 드러나고 있다. '향수 : 어느 살인자의 이야기'라는 제목을 곧이곧대로 받아들이는 독자에게 소설 『향수』는 '냄새'에 관한 이야기, 그리고 바로 그와 관련된 살인사건에 관한 이야기이다. 가장 미세한 감각적 아름다움 중 하나인 향기와 가장 혐오스러운 행위인 살인이라는, 극도로 어울리지 않는 두 이미지가 어떤 엽기적 상황으로 엮이는지에 대해 관심을 가지지 않을 수 없도록 독자의 호기심을 자극한다.

조금 다른 맥락이긴 하지만, 이런 대비적 기법은 문체와 내용의 불일치에서도 확연히 드러난다. 향기의 에센스를 채취하기 위해 모두 스물여섯 명의 소녀를 살해하고 결국 죽음을 맞는 한 청년의 스토리는 거의 황당무계에 가까운 비非사실이다. 그럼에도 소설은 철저하게 사실적인 문체를 고집한다. 이 허구적 '역사성'을 조장하기 위해 쥐스킨트는 작품의 배경도 현재 유럽이 아닌 18세기 프랑스로 되돌려놓는다. 그는 소설 속 사건들을 마치 실재했던 한 인물을 둘러싸고 일어난 것으로 상정하고, 이러한 진지한 역사적 소재에 걸맞게 삼인칭 화자를 설정하여 객관적이고 신빙성 있는 진술을 표방하고 나선다. 일인칭이든 삼인칭이든 상관없이, 쥐스킨트의 거의 모든 소설을 지배하는 내러티브의 특징이라면 그 어떤 감정이입도 불허하는 객관적 엄격함이다. 이 목표에 이르기 위해 그는 등장인물 간의 생생한 대화, 달리 말하면 독자를 허구의 상황에 몰입하도록 하는 대사까지도 거의 허용하지 않는다. 물론 이 원칙은 『향수』에서 특히 주도면밀하게 시종일관 지켜지고 있다. 어떤 등장인물을 통해서든 앞으로 일체 감정이입을 하지 않겠다는 다짐이라도 하듯이, 객관성을 볼모로 하여 화자는 이렇게 소설을 연다.

> 18세기 프랑스에 한 남자가 살고 있었다. 이 시대에는 혐오스러운 천재들이 적지 않았는데, 그는 그중에서도 가장 천재적이면서 가장 혐오스러운 인물 가운데 하나였다. 이 책은 바로 그 사람에 대한 이야기이다. 사드나 생 쥐스트, 푸셰나 보나파르트 등의 다른 기이한 천재들의 이름과는 달리 장 바티스트 그르누이라는 그의 이름은 오늘날 잊혀져 버렸다. 물론 그것은 오만, 인간에 대한 혐오, 비도덕성 등 한마디로 사악함의 정도에 있어 그르누이가 그 악명 높은 인물들에 뒤떨어지기 때문은 아니다. 단지 그의 천재성과 명예욕이 발휘된 분야가 역사에 아무런 흔적도 남기지 않는 냄새라는 덧없는 영역이었기 때문이다. 이 책에

> 서 이야기되고 있는 시대에는 우리 현대인들로서는 거의 상상도 할 수 없을 정도의 악취가 도시를 짓누르고 있었다. (9)*

그렇다. 냉엄한 화자는 이 이야기가 이미 객관적 평가가 내려진, 그러나 단지 잊혀졌을 뿐인 한 인간에 대한 기억을 불러일으키는 과정이라고 아직 '준비 안 된' 독자에게 최면을 걸어온다. 그리고 독자는 자기도 모르는 사이 기꺼이 이 최면 상황에 빠져드는 것이다. 이제 그는 황당무계함으로 가득한 이 스토리를 포기하기는커녕, 오히려 매혹당한 채 끝까지 손을 놓지 못하게 된다.

사실적인 이야기를 사실적으로 묘사하는 소설은 근본적으로 긴장감을 보장해주지 못한다. 결국 이 작품의 재미의 일차적 비밀은 비사실의 내용과 사실주의적 문체 간의 괴리에서 발생하는 긴장감에 있다고 잠정적으로 전제할 수 있지 않을까? 바로 이런 형태의 긴장감이야말로 소설 읽기의 특별한 재미로 체험되며, 카프카의 소설들이 보여주듯이 궁극적으로 문학 작품을 신화의 영역으로 재편하는 단서가 되는 것이 아닐지 생각해본다.

소설과 드라마의 경계 넘기

『향수』의 소설적 재미는 일차적으로 이 소설이 조성하는 '긴장감'에

* 이 책에 수록된 인용문의 출처가 되는 텍스트는 각 장의 맨 끝에 제시하기로 한다. 아울러 인용문에 덧붙인 괄호 안의 숫자는 해당 텍스트의 쪽수임을 밝혀둔다.

있다고 앞서 규정했었다. 그런데 문제는 이 긴장감이 단지 '괴리'라는 개념만으로는 모두 설명되지 않는다는 데 있다. 이 작품의 주요 소재는 향수 또는 냄새, 그리고 여기 잇닿아 있는 살인사건들이다. 바로 이 지점, 즉 '어느 살인자의 이야기'라는 부제는 처음부터 탐정소설 또는 범죄소설의 분위기를 깔아놓는다. 그러나 이 소설이 탐정소설로 분류되기 위한 필수조건은 애당초 충족되지 않는다. 철저히 비밀스러워야 할 범죄의 정황이 너무 빨리 노출되어버리는 것이다. 이를테면 화자는 탐정소설에는 완벽한 잿물이나 다름없는 전지적 시점에서 일련의 사건들과 인물들의 내면까지도 꿰뚫어보면서 생생하게 묘사해나간다. 그리고 범인도 너무 쉽게 잡혀버리는 등, 일단 소위 탐정소설의 기본 수칙이라 할 수 있는 요소들이 무시된다. 살인이라는 소재와 관련된 장르적 특징이 소설의 긴장감의 근본적 원인이 되지 못한다는 것을 알게 된 이제, 독자들은 다른 곳에 주목해야만 한다. 그 하나가 이를테면 소설의 구성적 요인이다.

『향수』는 소설의 형태를 가지면서도 매우 드라마틱하게 구성된 한 인간의 일대기이다. 주인공 그르누이는 사생아를 이미 넷이나 출생했던 어느 미혼모의 아이로 지독한 냄새구덩이인 파리 시내 생선 좌판 아래서 태어난다. 생모는 영아 유기의 죄목으로 단두대로 보내지고, 그르누이는 여러 유모들을 전전하며 자라나게 된다. 무두장이 그리말의 집에서 일하던 어느 날 매혹적인 향기의 원천인 한 소녀를 살해한 소년 그르누이는 자기가 천부적 후각을 지니고 있음을 발견하고 발디니의 도제가 된다. 그곳에서 온갖 착취를 당하면서도, 위대한 향수 제조인이

되기 위해 기술을 익힌 후 향수의 본고장인 그라스로 향한다. 도중에 그는 인간의 냄새를 피해 화산 봉우리의 동굴에서 7년간 머물면서 상상 속의 왕국을 건설하지만, 자기 고유의 냄새가 결여되어 있다는 사실을 알게 된다. 그리고 그 순간 그는 누구라도 자신을 사랑하게 만드는 지상 최고의 향수를 제조하기로 결심한다.

이 향수를 만들기 위해 그르누이는 최상의 향기의 원천을 채취한다는 미명하에 스물다섯 명의 소녀를 차례로 살해한다. 결국에는 체포되어 사형을 당할 처지에 이르지만, 사형집행장이 광란의 축제로 바뀌어버리는 황당한 장면이 연출된다. 평생의 회심작이었던, 사랑을 불러일으키는 최고의 향수를 뿌린 채 그가 나타났기 때문이다. 그러나 그 순간 한평생 갈망하고 추구했던 향수의 덧없음을 깨닫고 환멸을 느낀 그르누이는 태어난 곳으로 돌아가 죽음을 맞는다.

이 방대한 줄거리는 규모 있게 짜여진 드라마의 구조를 가지고 있다. 즉 희랍극에 뿌리를 둔 전통극의 구성에 부합하여 '발단 → 전개 → 절정 → 반전 → 대단원'의 다섯 단계로 이루어져 있다. 그르누이가 태어나서 여러 유모를 거치는 기간을 '발단'이라고 한다면, 첫 번째 살인을 했던, 그리말과 발디니 상점에서 일하던 도제 기간은 '전개'에 해당된다. 그리고 동굴 체험은 '절정', 이후 스물다섯 번의 연쇄살인과 사형장 장면은 '반전', 그의 자살 장면은 '대단원'으로 설정해볼 수 있다. 자칫 너무 도식적으로 보일 수도 있지만, 이런 분석은 『향수』의 긴장감과 박진감이 우연이 아님을 설득력 있게 해명해주고 있다. 다시 말해 이 작품은 장편소설임에도 불구하고 극적 구성을 보장해주는 드라마

■ '향수'에는 살인과 황홀경이라는 모순이 내재되어 있다. 이 모순은 곧 도덕적 결함을 자양분으로 하여 태어났음에도 불구하고 대중을 도취 상태로 몰아가는 예술의 이중성과도 통한다. 사진은 톰 티크베어 감독의 영화 〈향수〉(2005)의 장면들.

의 기본 구조틀 안에서 움직이기 때문에, 바로 이 점이 독자에게 유쾌한 긴장감을 유지해줄 수 있다는 말이다. 거기서 그치지 않고 작가는 각 단계에 적합하도록 스토리텔링의 템포를 변화무쌍하게 구사하고 있다는 점도 빼놓을 수 없다.

그런데 드라마의 짜임새를 갖춘 이 소설은 다시 아이러니하게도 등장인물 사이에 오가는 생동감 있는 대사를 의도적으로 포기한다. 전통적으로 드라마는 대사를 포함한 등장인물들의 행동을 통해 전개되어 나감에도 불구하고 말이다. 이 대목에서 독자는 소설에서 대사가 포기되는 까닭에 대해 궁금해하지 않을 수 없을 것이다. 이 의구심은 이미 앞서 언급했던 바와 같이, 소위 '객관성'을 담보하려는 소설의 의도를 떠올리면 곧 해소될 수 있다. 하지만 이런 경우 화자의 진술 일변도가 자칫 독자의 지루함을 야기할 수 있음은 너무도 자명하다.

그렇다면 이러한 위험 부담으로부터 소설을 구해내는 것은 무엇일까? 열쇠는 다채로운 인물 구도, 다시 말해 이들을 통해 펼쳐지는 서사적 스펙트럼의 다양성에 있다. 쥐스킨트의 여타 작품에서와는 달리 『향수』에는 수많은 인물들이 엮여 있다. 다시 드라마의 용어를 잠시 빌리면, 그르누이라는 한 사람의 프로타고니스트, 즉 제1배우와 더불어 이 드라마를 이끌어가는 안타고니스트, 즉 제2배우는 고전 드라마에서와는 달리 한 사람이 아닌 여러 사람으로 설정되어 있다. 그만큼 사건의 유형도 다양해질 뿐 아니라 소설의 흐름도 극적 굴곡들을 그려내는 것이다. 더욱이 한 번 등장했던 인물들은 대개 다음 에피소드가 시작되기 직전 이유 없이 죽음을 맞아, 소설로부터 퇴장해버린다. 이렇게 수

차례에 걸쳐 이야기가 완전히 새로운 국면으로 접어드는 진행 방식 때문에 또다시 새로운 사건에 몰두해야 하는 독자에게는 지루할 시간조차 허용되지 않는 것이다.

그르누이와 그의 안타고니스트들

쥐스킨트가 설정한 이들 안타고니스트들 내지 상대역들은 주인공 그르누이만큼이나 '색깔 없는 색'이 뚜렷한 인물로 독자에게 각인되어 있다. 그르누이가 태어난 직후부터 한동안 후견인 노릇을 하는 테리에 신부, 유모 잔느 뷔시와 가이아르 부인, 무두장이 그리말 등은 그르누이의 본질을 암시하고 삶의 궤적을 예견하기도 하면서, 화자가 플롯을 효과적으로 전개하도록 자기 역할을 아주 충실히 이행한다. 그러나 본격적으로 안타고니스트의 자리를 차지하는 인물은 주로 첫 번째 살인 이후에 마주치는 사람들이다. 그르누이가 처음으로 능력을 인정받고 진정한 의미에서 삶의 목표와 의지를 가지고 살아가게 된 계기는 주세페 발디니와의 만남이다. 발디니의 역할의 중요성은 쥐스킨트가 그에게 배려한 충분한 지면에서도 짐작할 수 있다. 발디니는 중세의 연금술사이자 장인으로 환원되는 인물로서, 단지 전래된 공식에만 의존하여 향수를 제조한다는 점에서 창조적 예술가와는 거리가 멀다.

> 그는 자신이 지금까지 한 번도 위대한 향수 제조인이었던 적이 없었음을 알고 있었다. (……) 그는 새로운 향수를 만들어 낸 적이 없었다.

> 그는 발명가가 아니었다. 단지 이미 효과가 입증된 향기들을 조심스럽게 이렇게 저렇게 혼합해 냈을 뿐이었다. (……) 향수 제조인이란 반은 연금술사라고 할 수 있는데도 사람들은 그들이 기적을 만들 거라고 믿고 있었다. (……) 그는 결코 발명가가 되고 싶지 않았다. 그는 발명이라는 것이 미심쩍었다. 왜냐하면 발명은 언제나 규칙을 깨뜨리는 것이었기 때문이다. (82-83)

발디니와 완전히 대조를 이루는 흥미로운 인물은 펠리시에다. 물론 그는 그르누이와 직접 상관이 없는 인물이긴 하다. 숙달된 기능인일 뿐인 발디니와는 달리 펠리시에는 창조적이며 새로운 것을 추구하는 개혁자의 역할을 한다. 펠리시에에 대한 구시대의 적대감은 이렇게 요약된다.

> 어쨌든 마르지 않는 창조의 샘을 지닌 그는 다른 모든 상인들에게는 위험한 존재였다. 사람들은 다시 옛날처럼 조합법이 엄격히 지켜지기를 원했다. (85)

이들 인물에는 상이한 두 부류의 인간 내지 예술가 유형이 압축되어 있다. 한편에는 전통을 모방하는 것을 최고의 미덕으로 믿다가 결국 몰락하고 마는 발디니가 있고, 반대편에는 독창적이며 천재적인 예술가를 대변하는 펠리시에와 그르누이가 있다. 이들의 모습에서는 재능은 만들어지는 것이 아니라 타고난다는 소명설 내지 운명설이 부각된다.

이들 대립적 인물 유형의 등장으로 '모방과 창조'를 둘러싼 예술의 논의가 소설의 수면 위로 떠오르게 된다.

아무튼 향수 제조를 가르친다는 명목으로 그르누이를 철저히 착취하던 발디니는 그르누이가 떠나감과 동시에 재기불능의 엄청난 몰락을 경험한다. 흡사 징벌에 가까운 가차없는 몰락을 화자는 이렇게 묘사한다.

> 후일 어느 정도 망설임은 있었지만 왕의 명령에 따라 파리의 다리 위에 있는 모든 건물들을 차례차례 철거시키는 계기가 된 그 재앙은 바로 이유도 밝혀지지 않은 채 샹주 다리의 세 번째와 네 번째 교각의 서쪽 지반이 붕괴된 사건이었다. 그와 함께 다리 위에 있던 두 채의 건물도 너무도 순식간에, 너무도 완전히 무너져 내리는 바람에 그 안에 있던 사람은 하나도 구조되지 못했다. 다행히 안에는 단 두 사람뿐이었는데, 바로 주세페 발디니와 그의 아내였다. (170-171)

발디니를 한 개인이 아닌 중세라는 시대를 대표하는 인물로 간주할 수 있다면, 그의 파멸과 다리의 붕괴 역시 더 이상 회복할 수 없는 개인적 비극으로만 귀결되지는 않는다. 이는 어쩌면 새로운 시대에 대응하지 못하는 구시대의 위선적 한계를, 그리고 이 '시대착오적 시대'의 전면적 몰락을 상징한다고도 볼 수 있을 것이다.

발디니나 펠리시에와 전혀 다른 차원에서 움직이는 인물은 에스피냐스 후작이다. 일곱 해 동안의 동굴생활을 마치고 새로운 인생의 목표로 무장한, 그러나 '끔찍스러운' 모습으로 세상에 복귀한 그르누이가 처음 만나게 된 호기심 많은 인물이 바로 에스피냐스다. 궁정생활을 접고 자기 영지로 돌아와 학문에 몰두하는 후작은 과학정신을 표방하는 계몽주의를 구현하는 인물이라 해도 지나치지 않을 것이다. 소설의 화자가 묘사하는 후작은 사회 변혁을 꿈꾸는 경제학자이며 교육학자이자, 식물학을 비롯한 자연과학 등 학문에 대한 주체할 수 없는 열정의 소유자이다. 스스로 정립했다는 '치명적 유통체' 이론을 그르누이에게 무리하게 적용시키는 황당하고 비과학적인 태도, 그리고 그런 그의 이론에 무비판적으로 열광하는 당대 지식인들…… 이런 모습들에서 화자는 소위 계몽적, 과학적 사고의 허를 찌르는 것처럼 보인다. 후작은 마침내 스스로 타당성을 증명(?)했던 자기 이론에 몰입된 채 피레네에 올랐다가, 앞서 무두장이 그리말이나 발디니와 마찬가지로 생을 마감한다. 엉뚱하게도 생사를 증명할 수 없게 됨으로써, 추종자들이 만들어낸 '신화' 속으로 잠적해버리는 방식으로 말이다.

그라스에 도착한 그르누이는 마레 가街의 첫 살인 때와 흡사한 체험을 다시 하게 되면서 " '특별한' 사람들, 즉 아주 드물지만 사람들에게 사랑을 불러일으키는 그런 사람들" 을 제물로 삼아 무려 스물다섯 번의 살인을 계속한다. 물론 지상에서 가장 아름다운 향기의 원천을 채취하려는 미몽에서다. 살인이 재개되면서 앞으로의 스토리는 그라스 시의 부집정관 앙투안느 리쉬를 둘러싸고 펼쳐진다. 리쉬는 신흥 시민계층으로, 자신의 부富를 이용하여 신분 상승을 꾀하는 성공적 인물이자 이성적 시민이다. 그르누이의 출현 이후 그는 살해의 위협으로부터 외동딸 로르를 보호하고자 범인에 대해 나름대로 과학적으로 접근해나간다. 그 결과 합리적 추론에 근거하여 살해범의 예술적 성향을 미리 진단해내는 유일한 사람으로 기록된다.

> 리쉬는 생각을 계속 진행시켰다. 그런데 만약 미의 수집가인 그 살인마가 완벽한 미의 그림을 완성하는 작업을 하는 중이라면 (……) 그가 이 세상에서 얻을 수 있는 가장 귀한 요소인 로르의 아름다움을 포기할 수 있을까? 로르가 없다면 지금까지의 그의 살인은 아무런 의미도 없을 텐데. 로르는 바로 그가 짓고자 하는 건축물의 맨 마지막 마감재가 아닐까? (307)

주도면밀한 '예방'에도 불구하고 그는 결국 딸의 생명을 빼앗기지만, 그런 치밀한 분석 덕택에 범인을 잡는 데는 성공한다. 그러나 범인 그르누이가 사형장에 뿌리고 나온 지상 최고의 향수에 매료되어, 딸의 억울한 죽음을 복수하기는커녕 살인마에게 양자가 되어달라고 간청하는 어처구니없는 모습을 보여준다. 이 얼토당토않은 장면을 통해 화자는 과연 무엇을 말하려고 한 것일까? 어쩌면 본능과 감성 앞에서 어쩔 수 없이 무릎을 꿇을 수밖에 없는 이성의 한계, 더 나아가 계몽주의의 허점을 노출하려는 것은 아닐까?

냄새, 그리고 향기의 위장술

적극적이고 때로는 희화적인 안타고니스트들에 비해 우리의 프로타고니스트 그르누이는 드라마적으로 보면 너무도 수동적이거나 주변세계에 거의 반응하지 않는 것처럼 보인다. 정말 그는 화자가 처음에 선언한 대로 단순히 향수에 취해버렸던 광기어린 살인자였을 뿐인가?

서두에서 언급한 바와 같이 그르누이는 '사랑' 대신 '생존'을 택하는 방식으로 태어났다. 자기 생명을 생모의 죽음과 맞바꾼 것이다. 그에게 냄새가 없다는 사실을 눈치 챈 유모 잔느 뷔시가 그를 거부하자, 그는 마찬가지로 후각을 상실한 보모 가이아르 부인에게 보내져 생명을 유지하게 된다. 어쨌든 냄새가 없다는 것은 인간 그르누이의 삶에서 치명적이었다. 그런 그가 냄새에 관한 한 천부적 재능을 가졌다는 사실은 아이러니였는데, 세상을 인지하는 그의 방식은 오로지 냄새를 통해서였던 것이다. 그렇기에 그가 살해한 스물여섯 명의 소녀들 역시 그에게는 모두 냄새로만 존재하는 인물들이었으며, 이에 상응하여 그녀들의 아름다움도 주로 냄새의 범주에서만 묘사된다. 그르누이에 한해서 그녀들의 외모와 관련된 언급을 자제하는 화자의 용의주도함은 탁월한 서사적 장점으로 돋보인다.

그런데 이 글의 서두에서 이미 지적했듯이, 그르누이의 삶은 매우 사실적으로 묘사되고는 있지만, 기상천외의 허황됨, 한마디로 비현실성을 배제하기 어렵다. 특히 마지막 에피소드인 그르누이가 뜯어 먹히는 장면은, 화자가 내세우는 객관성에도 불구하고, 이 작품의 개연성에 대해 강한 의구심을 갖게 한다. 그리고 이 의구심은 소설 읽기의 또 다른 방식에 관해 고민하게 만든다. 그것은 바로 전체 소설의 상징성을 둘러싼 질문이다.

쥐스킨트가 냄새라는 모티브를 통해 표현하고자 했던 바가 있었던가? 그렇다면 그것은 무엇일까? 다시 거슬러 올라가 소설 초두를 세심하게 읽어보면, 가이아르 부인에 관한 묘사는 이에 대해 결정적인 단서를 던져주고 있다.

> 가이아르 부인은 (……) 내면적으로는 이미 죽어 있는 여자였다. 어린 시절 아버지로부터 부지깽이로 이마를 맞은 때문이었다. (……) 그때부터 그녀는 후각을 상실했고, 그와 더불어 따뜻함이나 냉정함 등 모든 인간적 감정도 잃어버렸다. (……) 그녀가 느낄 수 있는 감정은 단 두 가지뿐이었는데, 매달 편두통이 찾아올 때 약간 우울해지는 것과 편두통이 사라졌을 때 기분이 다시 약간 회복되는 느낌 정도였다. 이미 무감각해져버린 그녀는 그 이외에는 아무것도 느끼지 못했다. (33-34)

인용문은 후각의 상실이 곧 인간적 감정의 상실, 그리고 내면적인 죽음과 통한다고 말한다. 이 진술은 냄새가 인간의 일차적 징후라는 사실을 전제하고 있다. 냄새는 인간 누구나 태어나면서 부여받는 자신만의 고유한 표징이라는 뜻이다. 그렇다면 주인공 그르누이에게만 아예 체취가 없었다는 사실은 어떻게 해석되어야 할까?

앞서 우리는 주인공의 동굴 체험이 소설의 극적 전환점이라고 전제했었다. 바로 이 동굴, 외부와 철저히 차단된 고립무원의 상태에서 그르누이는 내면과 대면했고, 그 결과 자신의 '체취'를 대신할 지상 최고의 향수를 만든다는 삶의 목표를 정립했기 때문이다. 이 장면을 반추해

보면, 동굴은 모태의 이미지로서 고통의 장소인 동시에 인식의 장소, 그리고 재탄생의 자리로 풀어낼 수 있다.

그렇다면 주인공에게만 결여되었다는 냄새는 그의 비극적 출생이 암시하는 바와 마찬가지로 애당초 존재하지 않았던 그의 자의식 내지 정체성을 의미하는 것은 아닐까? 이 가정은 어느 정도 타당하다고 받아들여질 수 있다. 그가 뒤늦게 자기의 끔찍한 진실을 깨달은 충격으로 향수 만들기를 점차 의식적인 행위로 승화시키면서, 더 집요하게 냄새를 추구했다는 사실에 비추어보면 말이다.

> 맨 먼저 그는 눈에 띄지 않도록 만드는 향수를 만들었다. (……) 그런 경우를 대비해서 그는 약간 진한 땀내를 풍기는 향수를 만들었다. (……) 그르누이의 비밀 무기라고 할 수 있는 또 다른 향수는 동정심을 유발시키는 향수였다. (……) 옷을 갈아입듯이 그르누이는 필요에 따라 여러 가지 향수를 번갈아 발랐다. 그 향수들을 이용해 그는 사람들로부터 방해를 받지 않을 수도, 또한 자신의 존재를 노출시키지 않을 수도 있었다. (275-277)

인위적으로 조작하고 복제할 수 있는 향수와 달리, 본래 냄새에는 가공되지 않은 자연의 의미가 내재해 있다. 그러나 그르누이의 실존은 하나뿐인 자신만의 '냄새'를 통해서는 증명될 수 없었기에, 위 인용문이 보여주는 것처럼 유감스럽게도, 그리고 어쩔 수 없이 그는 자기 존재를 가장하고 심지어 왜곡하는 수단으로 향수를 선택한다. 더욱이 상황에 따라 선택적으로 사용되는 인위적 '향수'를 통해서 그의 정체성은 끊임없이 변질될 수밖에 없었던 것이다. 우리 일상의 삶에서도 자주 발견할 수 있듯이, 선의에서든 악의에서든 본래적 자의식의 결핍을 나름대로 보완하거나 가장하려는 인간의 집착을 그르누이의 존재방식과 동일시한다면, 독자의 빗나간 해석일까?

문학으로서의 향수

일차적으로 이 소설은 냄새 또는 향수에 관한 소설이다. 그러나 처음부터 소설은 분명 '아름다움'과 그 '아름다움의 창조'에 관한 화두를 던지고 있다. 냄새의 상징성에 어느 정도 동의한 이제 우리의 관심은 자연스레 '향수'의 이차적 의미에 쏠린다.

그르누이는 타협 없고 집요하며 엄청난 집중력에 천부적 창조력까지 지닌 절대적 캐릭터로 묘사되고 있다. 이 고독한 천재의 삶의 궤적을 따라 완주한 독자들은 자신도 모르는 사이에 선험적이라 할 만한 어떤 것에 매료되어 있음을 느낀다. 무엇인가를, 그것도 아름다운 무엇인가를 끊임없이 추구하고 수집하며 조합해내려는 주인공의 가공할 노력은 우리가 즐겨 신화 속으로 산화시키곤 하는 진지한 예술가의 모습과 너무도 닮아 있다. '아름다움'과 향수를 동일시하는 화자의 암시가 여러 군데서 발견되고 있음을 차치하더라도 말이다.

조금은 무리하게 보일지도 모르는 '그르누이=예술가'라는 등식은 이미 언급된 동굴 장면에서도 충분히 시사되고 있다. 그르누이가 고통스러웠던 동굴 체험에도 불구하고 창조주로서 자기가 만들어낸 세계를 만족스럽게 바라보았던 사실을 독자는 기억하는 것이다. 그러나 정작 문제는 '위대한 그르누이'가 만든 세계가 오로지 상상 속에만 존재한다는 데 있었다. 여기서 그르누이의 자아분열 상태를 지적할 수 있는데, 그는 현실에서 불가능했던 것을 상상 속에서 가능하게 함으로써 상상 속 자아와 현실 속 자아의 불일치를 보여주고 있는 것이다. 이러한 '이중적 자아'는 낭만주의적 관점에서 풀이한다면, 현실로부터 고립되기 쉬운 창작 예술가에게서 우리가 익히 보아온, 어쩌면 그들에게 원천적으로 내재된 위험 요소(!)일 수 있다.

소설이 파국으로 치달을수록 화자는 그르누이의 예술가적 정체성, 또는 향수와 예술의 동질성의 문제에 점차 직접적으로 개입한다. 바로 리쉬가 희대의 소녀 연쇄살인범에 대해 미에 관한 담론을 펼치는 대목에서다. 그르누이를 추적하던 리쉬는 과학적인 추리를 근거로 하여 범인의 예술적 취향에 대한 단서를 우리 독자에게 던진다. 그리고 아직 일어나지 않은 딸 로르의 살해가 어쩌면 '광기어린 작품의 절정'이 될 것이라는 결론에 이른다.

> 이상하게 들릴지 모르겠지만 리쉬는 살인자가 정신 파탄자가 아니라 극히 신중한 수집가라는 생각이 들었다. 모든 희생자들이 개인으로서가 아니라 보다 높은 어떤 원리의 일부분으로서 이용되었을 거라는 생각 말이다. 그렇다면 희생자 개개인이 지닌 특성을 아주 이상적인 어떤 방식으로 혼합해 보면 각각의 부분들로 완성된 그 모자이크는 미美에 대한

그림이 틀림없었다. 그렇게 완성된 그림에서 발산되는 매력은 인간적인 아름다움을 넘어서는 성스러운 것이 될 것이다. (여기에서 알 수 있듯이 계몽주의적 사고 방식을 갖고 있는 리쉬는 신을 모독하는 결론이 나왔다고 해서 놀라 뒤로 물러설 사람이 아니었다. 비록 후각이 아니라 시각적 범주이긴 했지만 그는 진실에 상당히 접근해 있었다.) (306-307)

인용문의 문맥으로 보면, 살인자가 추구하는 '어떤 높은 원리'란 아름다움, 즉 예술이라는 상위 개념이다. 이 전제하에 향수는 창조 행위의 산물로서, 희생자들의 에센스로 혼합된 미의 모자이크, 즉 예술 작품이라는 말이다. 더 나아가 리쉬는 진정한 최고의 아름다움은 성스러움에 다름 아니라는 서구 낭만주의 미학, 예술지상주의의 미학을 피력하기도 한다. 여기서 화자는 직접 모습을 드러내어 빈틈없는 추리로 무장한 리쉬의 손을 들어준다.

이제 '향수=예술'이라는 단초를 가지고 전체 소설을 이렇게 재구성해볼 수 있다. 예술 행위는 고독한 예술가가 자기 존재를 확인해가는 과정이다. 예컨대 운명적으로 냄새, 말하자면 사람으로서의 정체성이 결여된 그르누이가 인간 사회에 편입되는 방법은 냄새를 후천적으로 획득하는 길밖에 없었던 것이다. 자신의 무취 상태와 더불어 재능을 자각하는 체험은 이후 향수를 만드는 일을 철저히 의도적으로 바꾸어 놓는다. 향수는 이제 대중의 반응을 염두에 두고, 뚜렷하고 원대한 목표하에 계획적으로 제조된다. 심리학의 개념을 빌어 표현하자면, 창작 행위란 일종의 '보상 행위'라는 등식이 이 소설에서도 무리 없이 성립되는 듯하다.

바로 이 지점에서 작품과 작가, 수용자라는 예술의 세 가지 요소의 상호관계에 초점을 맞추어 『향수』에 접근해보는 것도 매우 의미 있는 시도라 할 것이다. 애초 의도했던 대로 그르누이의 향수는 성공과 대중의 사랑을 그에게 가져다주었다. 그만큼 소위 '지상 최고'의 향수는 인간이라면 그 누구도 감히 저항할 수 없는 위력을 가진 위대한 작품이었으며, 사형장의 분위기를 순식간에 바꾸어버리고도 남을 만한 완벽함이었다.

> 그는 자신의 승리가 무서웠다. 왜냐하면 자신은 단 한순간도 그 승리를 즐길 수가 없었기 때문이다. 한평생 소유하기를 갈망해 왔던 향수, 2년에 걸쳐 만들어 낸, 사람들의 사랑을 획득할 수 있는 그 향수를 바르고 마차에서 햇살이 따사로운 광장으로 내려서던 그 순간 ……, 그 순간에 벌써 그는 향수가 저항할 수 없는 영향력으로 바람처럼 빠르게 퍼지면서 주변 사람들을 사로잡아 가는 것을 알 수 있었다. 그런데 바로 이 순간에 그의 내면에서 인간에 대한 모든 역겨움이 되살아나 승리를 철저하게 무너뜨려 버렸다. (……) 사람들은 그에게서 단지 그가 연출한 분위기만 진실로 받아들였기 때문이다. 그러나 그것은 향기의 가면, 도둑질한 향기에 불과했다. 물론 이 향기는 숭배받아야 마땅할 정도로 훌륭했다. (359-360)

그런데 아이러니하게도 필생의 목표가 이루어진 바로 그 순간에도 그는 오히려 절망할 수밖에 없다. 향수는 무無에서 이룩해낸 순수한 창조물이 아닐 뿐더러, 대중의 반응 역시 진실에 대한 감동과는 무관했기 때문이다. 그의 작품의 핵核이 진정 자신에게서 잉태된 것이라고, 그리고 그에 대한 인간들의 열광 역시 순수한 일체감에서 우러나온 것이었다고, 그의 성공이 자신에게 참된 의미와 만족을 주는 그것이라고도 화자는 설명하지 않는다. 그런 의미에서 그르누이는 승리자이면서도 결코 행복할 수 없는, 이중적 의미에서의 비극의 주인공이다.

> 그러나 이 향수를 느낄 수가 없으니 그걸 바르고도 자신이 누군지 모른다면 도대체 그게 무슨 의미일까? 그는 세상과 자신, 그리고 향수를 비웃었다. (……) 이 향수가 얼마나 잘 '만들어진' 것인지 아는 사람도 없다. 사람들은 단지 그 효과에 굴복할 뿐이니까. 그렇다. 그들은 자신들에게 영향을 미치고, 자신들을 매혹시키는 것이 향수라는 사실을 깨닫지 못한다. 이 향수의 진정한 아름다움을 인식하는 사람은 그것을 만들어 낸 나 자신뿐이다. 그런데도 나는 그 향수의 마법에 걸리지 않는 유일한 사람이 아닌가. 이 향수는 내게는 아무런 의미도 없다. (……) 나는 내가 원하는 것이 향기라는 것을 알고 있었던 반면, 사람들은 자신들이 원하는 것이 바로 '나'라고 생각하지 않았던가. 자신들이 진짜로 원했던 것이 무엇인지 그들은 영원히 모를 것이다. (374-375)

그르누이의 진술에서도 드러나듯, 예술가의 비극은 그 누구보다도 정확하게 자기 창작물의 본질을 꿰뚫어보면서도, 아니 바로 그렇기 때문에 거기 매혹될 수 없다는 데 있다. 자기에게 결여된 어떤 것에 대한 보상심리에서 작품을 창작한다면, 그 안에는 자기를 가장하려는 '불순한' 의도가 어느 정도 내재되어 있다고 할 수 있다. 그리고 그런 '불순물'에 대해 알고 있다는 사실이야말로 순수한 마법의 열광을 저해한다. 반면 '본질'이 아닌 '현상'이 전부인 대중에게 예술 작품의 효과는 가공할 만하다. 그렇기 때문에 그르누이는 애초 자기 자신뿐 아니라 대중으로부터 동시에 소외당한 존재이며, 또한 바로 그 점에서 독자는 그르누이의 비극에 투영되는 여타 예술가의 비극을 엿볼 수 있지 않을까? 어쨌든 그르누이는 타인의 무조건적 사랑을 끌어올 수 있는 최고의 향수를 만드는 데 성공했고, 그 결과 디오니소스적 엑스터시를 연출하는 데까지 이르게 된다. 자기 전 존재를 담보로 하여 향수, 즉 예술을 통해 원초적 축복의 상황을 연출해낸 것이다. 물론 이는 향유하는 대중의 입장에서만 그렇다는 말이다.

이제 '향수'의 범주를 '문학'으로 좁혀볼 수는 없을까? 물론 향수를 구체적으로 문학 작품과 연결시키는 '비약'에 대해 이의를 제기하는 독자도 있을 수 있다. 그럼에도, 언어 이외의 다른 매체로는 재현하기 어려운 후각적 특성에서 향수와 문학 작품의 동질성을 찾아볼 수는 없을까?

대부분의 열광적 독자는 작품 속 세계와 작가의 실제 현실을 구분하지 못하는, 아니 구분하고 싶지 않은 유혹에 빠진다. 소위 '분위기'에 매료되면서 가상세계와 현실의 경계가 허물어져버리는 것이다. 작가는 한 자연인의 정체성을 가지고 존재한다기보다는, 매혹적인 작품의 아우라에 묻혀버리거나 동일시되기 일쑤다. 노출되었건 숨겨져 있건, 개인으로서의 그의 생각, 그의 상황, 그의 의도, 그의 (비)도덕 등 그의 '현실'은 존재하지 않을 뿐더러 관심의 대상도 아니며, 관심으로 보이는 것조차 호기심의 차원을 넘어서지 못한다. 소위 대중적으로 크게 성공한 작품의 경우일수록 그렇다. 그런 의미에서 '작품–작가–수용자'의 삼각관계에서 작가의 '현존재'는 어쩌면 가장 철저히 배제된 요소일지도 모른다.

그르누이의 내면 묘사를 통해 화자는 독자에게 은폐된 작가의 실제 세계와 작품의 상상적 세계 사이의 괴리, 작가의 의도와 독자 반응의 불일치, 그리고 이에 따른 작가의 심리적 갈등 등을 아주 조심스럽게 노출시키려고 한 것은 아닌지…… 그리고 결과적으로는 이 과정을 통해 쥐스킨트가 자기 자신의 작가의식을 변호하고자 한 것은 아닌지……

'범죄의 미학화' 또는 '미학적 비도덕주의'

예술 작품이 일종의 '보상심리'에서 비롯된다는 전제는 예술가의 도덕적 결핍에 대한 '의심'을 배제하지 않는다. 하나를 얻기 위해서라면 다른 모든 것을 희생할 수 있다는 합리화가 가능하다는 말이다. 이런 정황을 납득시키기라도 하듯, 화자는 처음부터 주인공의 의도적인 도덕관념은 전혀 염두에 두지 않은 듯 담담하게 이야기를 전개해나간다.

(……) 그는 그녀의 목을 조를 충분한 시간적 여유를 얻게 되었다. (……) 향기가 물결이 되어 밀려와서는 그의 가슴속을 가득 채우고 넘쳐흘렀다. (……) 냄새를 다 빨아들여 그녀가 완전히 축 늘어진 후에도 그는 한동안 더 그녀 옆에 웅크린 자세로 앉아 있었다. 자신의 몸을 완전히 채우고 있는 그녀의 향기를 단 한 방울도 흘리고 싶지 않았기 때문이다. (……) 그는 이렇게 멋진 일이 살인으로부터 시작되었다는 사실을 잊지는 않았지만 깊이 염두에 두지도 않았다. 마레 거리의 그 소녀의 모습, 그녀의 얼굴과 육체를 그는 더 이상 떠올릴 수 없었다. (68-71)

그르누이에게, 그리고 소설에는 '냄새' 또는 '향기'만 존재한다. 모두 스물여섯 번의 연쇄살인이 자행되는 동안 두려움이나 양심의 가책 따위는 논외의 문제다. 주인공의 이런 내적 상황을 뒷받침하려는 심사에서 화자는 때로는 무관심하게, 때로는 적절한 거리를 시종일관 유지하면서 그에 대한 도덕적 평가를 절제한다. 그르누이의 존재는 그저 그 자체로 존재일 뿐, 작가 역시 소설 속의 화자 속에 숨어서 소위 '입장 표명'을 철저히 배제한다. 섬뜩한 살인 장면에서조차도 아름다움에 탐닉하는 주인공의 즐거움을 방해하지 않는다. 이런 화자와 더불어 독자까지도 주인공에 대한 도덕적 판단을 잠시 유보하지 않을 수 없을 정도로 말이다.

이쯤에 이르면 세계는 미학적 현상, 즉 예술로만 존재한다는 니체의 미학적 비도덕주의가 떠오르지 않을 수 없다. 『비극의 탄생』에서 니체는 당대 시민사회의 문화적 몰락을 비판하면서, 이 세계에는 합리적 이성이나 도덕이 더 이상 관여할 자리가 없다는 염세주의적 진단을 내리고, 이에 대한 반대급부로서의 신화의 기능에 주목한다. 그리고 궁극적으로 존재의 여러 문제들은 이성으로 해결될 수 없으며, 오직 예술에 도취함으로써 잊어버릴 수 있다는 것, 그리고 여기에 예술의 핵심이 있다는 인식을 도출한다.

'비도덕적' 니체를 염두에 둔다면, 다시 말해 소설 속에 이런 메시지가 의도되어 있었다고 가정해본다면, 처음에는 이해되지 않았던 사형장 장면도 어느 정도 설명될 수 있지 않을까? 결국 어이없는 축제로 변해버리고만, 유보된 그르누이의 죽음의 향연은 니체 미학의 변주에 다름 아니라고 말이다.

> 그라스에서 그토록 훌륭한 처형대를 보는 것은 이번이 처음이었다. (……) 쿠르 성문 좌우에 있는 건물들과 경비대 건물의 창문을 벌써 오래 전에 엄청난 자릿세로 예약이 끝났다. (……) 수십 명의 떠돌이 장사꾼들이 몰려들었고 빵 장수들은 기념 과자를 구워 냈다. (345)

인용문에서 묘사된 중세적 처형 장면은 본래 고대 유럽에서 비롯되었다 한다. 하층민을 위한 이렇다 할 축제가 없었던 당시, 누군가 사형을 당하게 되면 이를 기화로 모두 모여 구경하던 공동체적 전통이 있었다 하니, 소설이 그려내는 '향연'은 가히 기기묘묘하다. 어쨌든 모여든 청중의 축제 분위기는 사형장에서 그르누이가 뿌린 지상 최고의 향수로 인해 절정에 다다른다.

> 그로 인해 예정되어 있던 가장 혐오스러운 살인마에 대한 사형 집행은 BC 2세기 이래로 이 세상에서 벌어진 가장 대규모의 환락의 향연으로 변했다. (……) 숨을 헐떡이며 아무 곳에나 쓰러져 그 자리에서 사랑을 나눴다. 도저히 그럴 수 없는 장소에서, 서로 어울리지 않는 사람들이 하나가 되었다. (357)

향수에 매혹되어 집단 도취 상태에 빠진 그라스 사람들은 희대의 살인마에게 증오 대신 열렬한 사랑을 바친다. 여기서 향수는 광장에 모인 대중에게 현실을 잊게 하는 환각제의 역할을 하고 있다. 니체에게서 음악 즉 비극이 존재의 고통을 잊게 하는 도취 상태로 이끄는 마취제였던 것과 같은 맥락이다. 이제 그르누이와 대중에게는 도덕이나 이성적 행위가 아닌 '향수'만이 유일한 대안이 된 것이다.

니체에게서 얻은 영감은 여기서 끝나지 않는다. 사형장 에피소드에 더하여, 그르누이의 자살 장면도 흥미진진하다. 고향 파리의 천민들이 모여 사는 공동묘지로 간 그가 향수를 뿌리기 시작하자, 사람들이 달려들어 그의 몸을 뜯어 먹는다. 이 지점에서 서술자가 지금껏 표방해온 사실주의적 묘사는 완전히 힘을 잃는다(그런 까닭에, 2007년 우리나라에 개봉된 영화 「향수」에서 이 마지막 장면은 상징 체계를 동반하지 않는 관객에게는 납득하기 어려운 황당한 결론으로 남는다). 이 상황은 영적 공동체를 이룩하는 기독교 예식인 성찬식을 패러디하는 것으로 읽히기도 한다. 그러나 그보다는 디오니소스 제전의 엑스터시 상태를 형상화하는 것으로 해석하는 것이 더 설득력이 있다. 니체가 열광해 마지않았던 디오니소스적 광란의 도가니 말이다.

> 옷이 찢어졌고 머리카락과 피부가 떨어져 나갔으며 몸뚱어리가 물어뜯겼다. (……) 그걸 한 조각씩 움켜쥔 사람들이 황홀한 쾌감을 느끼며 뒤로 물러나 먹기 시작했다. 반 시간쯤 지나자 장 바티스트 그르누이는 흔적도 없이 사라져 버렸다. (……) 그러나 당혹스러운 것은 사실이었지만 조금도 죄책감이 들지 않는 것에 그들은 또 한 번 놀라고 있었다. (……) 그러다가 처음에는 은밀히, 잠시 후에는 공공연하게 다른 사람의 얼굴을 쳐다보며 미소를 지었다. 이상할 정도로 당당한 기분이었다. (378-379)

문명세계에서는 가능하지 않은 황당무계한 상황에 대한 일련의 묘사는 사실주의적, 합리주의적 세계에 대한 일종의 도전이자 전복으로 읽힌다. 지금까지 화자가 고수해온 모든 주도면밀함은 광란의 장면에서 아무 저항 없이 스러져버리고, 그르누이의 주변세계는 말 그대로 카오스 속으로 빠져 들어간다. 이성적인 설명이 전혀 불필요할 뿐 아니라 가능하지도 않은 광경들이 여기서 목도된다. 이제 인간은 일상의 틀과 한계를 제거해주는 도취와 황홀경을 체험함으로써, '현상' 이전에 존재하는 원초적, 본질적 영역으로 들어선다. 세상의 '혐오스런 진실'이자 '존재의 부조리'가 니체에게 해결될 수 있다기보다는 잊혀지고 극복될 사안이었던 것과 마찬가지다.

포스트모더니즘적 글쓰기의 행보

에스피냐스나 리쉬에게서 확인했듯이, 소설은 이성과 과학적 합리주의, 시민정신의 승리로 끝나지 않는다. 오히려 이들의 어처구니없고 초라한 패배에 대해 보란 듯이 비웃음을 던지는 것 같다. 그렇다고 치면, 향수에 취해 통제 불가능한 엑스터시에 빠져드는 계몽 시대의 비도덕주의와 광란의 장면을 통해 작가가 우리에게 힘주어 말하고 싶었던 것은 과연 무엇일까? 일단 모든 소설적 상황이나 문체, 구성 등을 수단으로 하여 형상화된 이 작품을 일종의 '언어 유희'로 받아들인다면, 이는 이성과 합리성이 주도하는 모더니즘에 강한 반기를 드는 것으로 해석될 수 있지는 않을까?

그렇다면 결과적으로 화자는 니체처럼 감각적 도취의 세계를 긍정하는가? 그리고 디오니소스적 열광의 정신인 예술, 즉 향수의 승리를 말하고자 하는가? 식인행위자들은 그렇다고 치고, 먹히는 그르누이의 의식을 통해 여과된 장면은 진정한 엑스터시였는가? 오히려 그르누이가 자기 몸을 내어준 것은 어쩌면 열광이라기보다는 무의식적으로 강요된 행위는 아니었는지…… 소설은 궁극적으로 어떤 추상적, 형이상학적 가치—그것이 이성이건 도덕이건 감성이건—도 하나의 체계 속에, 위계질서 속에 한 줄로 세워놓지 않는다. 이성과 감성 중 어느 하나의 손을 들어 우위를 인정하기보다는 그들의 '불완전한 공존'을 보여주고 있다. 대안은 없되 우리에게 다각적인 생각의 단초를 던져줄 뿐이다. 그런 의미에서 이 작품은 포스트모더니즘적 정신과 글쓰기의 실체를 적나라하게 보여준다는 평가를 받아왔다.

이성의 패배를 예시하고 도덕적, 가치체계적 평가를 피해간다는 점에서뿐 아니라, 작품 기술의 기법에서도 이와 관련된 몇 가지 단서를 찾을 수 있다. 소설 『향수』는 소위 해체와 혼합으로 이루어져 있다. 엄밀히 말하면, 예술은 무에서 유를 창조한 조물주의 완전한 창조와는 거리를 둘 수밖에 없다. "해 아래 새 것이 없다"라는 잠언서의 한 구절처럼, 포스트모더니즘의 예술은 새로운 무엇인가를 창출하기보다는 이미 존재하는 소재들을 적절히 혼합하는 역할에 비중을 둘 뿐이다.

우선 이 소설은 역사가 알랭 코르뱅이 1982년 출간한 『페스트의 숨결과 꽃향기』에서 향수에 대한 상세한 문화사적 배경을 빌려왔다. 그러나 무엇보다 중요한 것은, 과거 문학 전통의 흔적들이 이 작품에 즐비하게 노출되어 있다는 사실이다. 여기에는 이름난 작품들의 기법이나 표현, 분위기까지 포함된다. 독일 문학에 대해 전문적인 식견을 가진 독자라면, 소설 속에 담긴 수많은 암시를 따라가면서 무엇인가를 찾아내고 재확인하는 기쁨을 누리는 것도 놓치기 아쉬운 독서의 묘미이다. 앞서 말했던 니체의 영감들, 괴테의 『파우스트』와 동굴 장면의 유사성, 샤미소의 '페터 슐레밀의 신기한 이야기', 시인 아이헨도르프의 '달밤' 모티브 등등 일일이 다 꼽을 수 없을 정도다. 특히 예술과 죽음의 주제를 연결시킨다는 점에서, 그리고 예술가의 정체성에 관한 물음이 소설을 관통하는 핵심 주제라는 점에서 『향수』는 독일 낭만주의의 '위대한' 유산을 물려받았다고 해도 과언이 아니다.

도처에 산재하는 향기의 원자재를 가지고 최고의 향수로 혼합해낸 그르누이의 행위는 어쩌면 문학의 전통 속에 남아 있는 위대한 작가들의 흔적을 추적해간 쥐스킨트의 그것에 다름 아닌지도 모른다. 그리고 뭐니뭐니해도 이런 '간텍스트성' 내지 '상호텍스트성', 더 나아가 패러디의 특징들이야말로 기존에 존재하던 개별적 현상들을 가치 중립적으로 공존하게 하는 것을 모토로 하는 포스트모더니즘적 가능성을 보여주는 주요한 특징이라 할 것이다.

결론적으로 말하면, 극도로 비이성적인 혼란과 무질서의 상황을 언어로 재현하면서 그 안에 문학의 자기성찰을 반영한다는 점에서 이 소설은 작가 쥐스킨트의 총기와 재능의 향연이다. 그런 의미에서 이 '엽기적' 소설은 어쩌면 '문학에 대한 그럴듯한 변명'에 다름 아니다. 그리고 우리 독자로 하여금 이 '메타 문학'의 시대에 문학의 '이유 있는 변명'에 기꺼이 동의하게 한다.

파트리크 쥐스킨트, 『향수 : 어느 살인자의 이야기』, 강명순 옮김, 열린책들, 2000.

Patrick Süskind
Das
Parfum
Die Geschichte
eines Mörders
Diogenes

:: 요한 볼프강 폰 괴테의 시 「프로메테우스」

창조의 불을 훔치다

프로메테우스

구름안개로 그대의 하늘을
덮어라, 제우스 신이여!
그리고 떡갈나무와 산꼭대기를 상대로
힘을 겨루어라!
엉겅퀴를 베는 소년처럼.
하지만 나의 이 땅은
그대로 두어라,
그대가 짓지 않은
나의 이 오두막, 그리고
그 속의 불길을

그대가 부러워하는
나의 화덕도 그냥 두어라.

태양 아래 그대 신들보다
더 가련한 자를 나는 알지 못하노라.
그대들은 초라하게도
제물과 기도의 입김으로
그대들의 위엄을
연명하는구나.
하여 아이들과 거지들이
헛된 희망을 품은 바보들이 아니었던들,
그대들은 굶주렸으리라.

내가 어린아이여서
갈 바를 몰랐을 때
내 방황하던 시선은 태양을 향했으니,
마치 저 위에는
내 탄식을 들어주는 귀가 있을까,
곤궁에 처한 자를 불쌍히 여길
내 마음 같은 마음이 있을까 하여.

누가 오만불손한 거인들을 거스르고

나를 도와주었는가?
누가 죽음과 속박으로부터
나를 구해주었던가?
성스럽게 불타는 가슴이여,
그대 스스로 이 모든 것을 완성하지 않았던가?
그리하여 젊고 선한 네 마음은
저 위에서 잠자는 자에 속아
구원에 감사하면서 불타오르지 않았던가?

나 그대를 존경해야 한다고? 무엇 때문에?
그대가 무거운 짐을 진 자의 고통을
덜어준 적이 있었던가?
그대가 불안에 떠는 자의 눈물을
그치게 해준 적이 있었던가?

나를 사나이로 만들어준 것은
나의 주인이자 그대의 주인인
전능한 시간과
영원한 운명이 아니었던가?

아침 꽃 같은 소년의 꿈들이
모두 열매 맺지 못했다 하여

내가 인생을 증오하여
황야로 도피해야 한다고
그대 오산했던가?

나 여기 앉아 내 형상을 따라
인간을 만드노라,
나와 닮은 종족을,
번민하며 울고
즐거움을 누리고 기뻐하는,
그리고 그대를 숭배하지 않는 종족을,
나처럼.

Prometheus

Bedecke deinen Himmel, Zeus,
Mit Wolkendunst!
Und übe, Knaben gleich,
Der Diesteln köpft,
An Eichen dich und Bergeshöhn!
Mußt mir meine Erde
Doch lassen stehn,
Und meine Hütte,

Die du nicht gebaut

Und meinen Herd,

Um dessen Glut

Du mich beneidest.

Ich kenne nichts Ärmer's

Unter der Sonn' als euch Götter.

Ihr nähret kümmerlich

Von Opfersteuern

Und Gebetshauch

Eure Majestät

Und darbtet, wären

Nicht Kinder und Bettler

Hoffnungsvolle Toren.

Da ich ein Kind war,

Nicht wußt', wo aus, wo ein,

Kehrte mein verirrtes Aug'

Zur Sonne, als wenn drüber wär'

Ein Ohr, zu hören meine Klage,

Ein Herz wie meins,

Sich des Bedrängten zu erbarmen.

Wer half wider
der Titanen Übermut?
Wer rettete vom Tode mich,
Von Sklaverei?
Hast du's nicht alles selbst vollendet,
Heilig glühend Herz?
Und glühtest, jung und gut,
Betrogen, Rettungsdank
Dem Schlafenden dadroben?

Ich dich ehren? Wofür?
Hast du die Schmerzen gelindert
Je des Beladenen?
Hast du die Tränen gestillet
Je des Geängsteten?

Hat nicht mich zum Manne geschmiedet
Die allmächtige Zeit
Und das ewige Schicksal,
Meine Herrn und deine?
Wähntest du etwa,
Ich sollte mein Leben hassen,

In Wüsten fliehn,
Weil nicht alle Knabenmorgen-
Blütenträume reiften?

Hier sitz' ich, forme Menschen
Nach meinem Bilde
Ein Geschlecht, das mir gleich sei,
Zu leiden, weinen,
Genießen und zu freuen sich,
Und dein nicht zu achten,
Wie Ich. (44-46)

제목을 접고 읽어도 시의 주인공은 그리스 신화 속 프로메테우스다. 조금 의아스러운 것은—편견이기는 하지만—프로메테우스가 보통 서정시에서 선호되는 어떤 특정 분위기를 연출하지 않는 인물이라는 것이다. 그는 일인칭 대명사 '나'의 옷을 입고 등장하여, 시작부터 누군가에게 싸움을 거는 것처럼 보이기까지 한다. 물론 그 상대는 다름 아닌 제우스 신이다.

프로메테우스는 누구인가? 그의 가계에 대해서는 크고 작은 차이를 보이는 설명들이 있지만, 보편적으로 알려진 계보는 이렇다. 그리스 신화의 1세대인 가이아와 우라노스는 열두 타이탄을 자식으로 두었다. 그중 하나인 이아페토스에게 두 아들이 있었는데, 맏이가 '선각자'라

■ 이미 기원전 560-550년경 아케실라스 II세의 화가는 흑화식 술잔인 칼릭스에 프로메테우스를 그려넣었다.

는 의미의 프로메테우스고, 둘째가 '나중에 생각하는 사람'으로 풀이되는 에피메테우스였다. 그러니까 이들에게 제우스는 삼촌인 셈이었다. 삼촌과 조카의 싸움은 이렇게 시작된다. 제우스의 독재에 염증을 느낀 프로메테우스는 그를 골탕 먹이기 위해 신보다 열등하고 짐승보다는 우월한 인간을 만들게 된다. 게다가 그는 속임수로 제물을 바치는 방법을 인간에게 알려주었다가 제우스의 진노를 사게 된다. 화가 난 제우스가 올림포스로 올라가버리자 인간에게는 고된 삶이 시작된다. 이에 프로메테우스는 또다시 벼락을 제우스로부터 훔쳐 인간에게 가져다주고, 이 훔친 불로 인간은 스스로를 보호하고 도구를 만들어 쓸 수 있게 되었다. 그러나 그 대가로 프로메테우스는 코카서스 산 암벽에 묶여 매일 독수리에게 간을 쪼아 먹히는 고통을 감내해야만 한다. 그러다 세월이 흐른 후 제우스는 마음을 바꾸어 그에게 자유를 준다.

이 원래 신화의 구도를 빌면 시에 접근하는 일이 훨씬 수월해진다. 시 원문의 첫 단어는 'bedecke', 즉 '덮다'라는 동사의 명령형이다. 그런데 이 낱말은 소리의 울림이나 사용 형태로 보아 별로 어울리지 않게 자리잡고 있는 듯 보인다. 그러나 좀더 자세히 들여다보면, 이 선택은 매우 의도적이다. 프로메테우스는 지금 제우스와 '영역 싸움'을 벌이고 있는 중이다. 빈번하게 사용되는 소유대명사 '나의mein'와 '너의dein'는 한 치도 물러설 수 없는 그들의 대립 구도를 확인해주는 대목이다. 프로메테우스가 소유한 '나의 땅', '나의 오두막', '나의 화덕'은 인간의 영역을 상징하는 것으로, 신의 영역인 제우스의 '그대의 하늘'과 '구름안개', '산봉우리'와 대치하고 있다. 하지만 하늘과 땅 사이의 확실한 '줄긋기'가 주종관계와는 아무 상관이 없음은 곧 드러난다. 그가 자기 영역으로부터 제거하려는 제우스는 '엉겅퀴를 베는 소년처럼' 어차피 어떤 저항도 할 수 없는 유약한 상대에게만 과도한 위력을 행사하는 겁쟁이이자 조롱의 대상일 뿐이다. 더구나 제우스는 불을 가진 프로메테우스를 부러워하고 있지 않은가 말이다.

2연으로 넘어가며 프로메테우스는 '과거사 계산'에 들어간다. 그는 신이란 인간 삶에 영향을 미치고 지배하는 절대적 존재라기보다, 인간이 믿음을 가지는 동안만 유효하기에 어떤 의미에서는 오히려 인간에 예속된 존재라고 단언한다. 이 단언으로 제우스 역시 헛된 희망을 투사하는 미성숙한 인간들의 제물과 기도로 연명하는 가련한 존재로 전락해버린다.

'나' 프로메테우스는 자신도 그런 어리석은 '아이' 중 하나였음을 고백한다. 그러나 역설적으로 이기적이고 강압적인 신들의 도움이 없었기에 모든 일을 스스로 완성시킨 의지의 인물이 될 수 있었다고 말한다. 그리고 지금 누리는 독자적인 삶에 대해 제우스에게 아무런 빚을 지지 않았기 때문에, 적대적이고 반항적인 자기 태도를 정당화할 수 있는 것이다. 프로메테우스 신화의 핵심 메시지인바, 니체는 거인처럼 노력하는 개인은 필연적으로 불경不敬을 범할 수밖에 없다 하지 않았던가.

말하자면 프로메테우스가 자기만의 '제국'을 스스로 쟁취하도록 한 힘은 다름 아닌 '성스럽게 불타는 가슴'에서 나온다. 이 말은 그의 독립성과 창조성이 자기 자신에 내재한 성스러움 내지 신성에 기인함을 의미한다. 반면 인간을 인간답게 만들어주지 못하는 신 제우스에게는 어떤 신적인 권위도 주어지지 않는다. 오히려 프로메테우스를 진정한 인간으로 거듭나게 한 전능한 시간, 영원한 운명인 신성은 제우스까지도 지배하는 초월적인 것이라고 6연은 확인해준다.

제우스와의 싸움은 마지막 8연에서 절정에 이른다. 여기서 프로메테우스 신화는 구약성서 창세기의 창조 역사에 절묘하게 접목된다. 프로메테우스는 '여기', 즉 '나의 땅'에 앉아 인간들을 창조한다. 그것도 '나의 형상에 따라서' 말이다. 그런데 그가 말하는 '나의 형상'은, 역시 '자기 형상'을 따라 인간을 창조한 전지전능하고 완전한 야웨의 모습과는 전혀 상관이 없다. 프로메테우스가 피조물에게 부여하는 것은 울고 기뻐하고 즐거움을 누리고 번민하는 성정性情, 한마디로 희로애락을 느낄 수 있는 '진정한 인간다움'의 가치이다.

그러나 프로메테우스에게 휴머니티보다 더 중요한 것은 정작 따로 있다. 그는 이것을 끝까지 아껴두었다가 마지막 두 행에 압축적으로 담아낸다. 숨을 돌려 쉰 후 "그대를 숭배하지 않는 종족을, / 나처럼"이라고 선언적으로 외치면서, 그는 자기의 독자성뿐 아니라 자기가 창조해낸 인간의 독립성을 한껏 과시한다. 이 지점에서 가장 주목해야 할 것은 시 원문의 마지막 단어인 '나ich'이다. 이 단어에 시의 전체 메시지가 응집되는데, 그것은 다름 아닌 역경을 이겨낸 프로메테우스의 양보할 수 없는 '자율성'인 것이다.

정의롭고 인간다운 가치를 대변하는 결연한 내용에 걸맞게 시 「프로메테우스」는 독특한 언어기법을 구사한다. 우선 전체적으로 시는 '자유 리듬Freie Rhythmen'이라는 형식을 취하고 있다. 사전적 의미에서 자유 리듬은 "일정한 운율이나 각운이 없고 시연도 규칙적으로 구분되어 있지 않지만, 강한 리듬을 내재하는 다양한 길이의 시행"으로 정의된다. 자유 리듬은 고대의 시 형식 중에서도 특히 송가의 율격을 자유롭게 변형했기 때문에, 이 형식으로 쓰여진 시들에서는 찬가풍의 문체가 특징적이다. 당시 유럽에서 선호되던 여타 시 형식들에 비해 상대적으로 훨씬 자유로운 형식이라는 점을 반영하듯, 자유 리듬은 질풍노도Sturm und Drang 시대의 괴테, 횔덜린, 클롭슈톡의 시를 통해 인기를 얻으면서 '천재시행Genievers'이라는 애칭을 갖기도 했다.

위에서 잠깐 자유 리듬 형식에 대해 간단히 덧붙인 설명은 '왜 괴테가 프로메테우스 소재를 담는 그릇으로 자유 리듬을 선택했는가'라는 의문을 어느 정도 해소해줄 것이다. 서양의 전통적 시 형식의 제약들로부터 거리를 둔 거의 무형식에 가까운 장르인 자유 리듬은 부당한 절대권위로부터 이탈하여 자율성을 추구한 주인공 프로메테우스의 이상에 더없이 어울리는 형식이라고 볼 수 있다.

이 특별한 형식에 더하여 이 시를 특징짓는 것은 언어의 규칙으로부터 매우 자유롭다는 점이다. 괴테는 주어와 동사를 중심으로 한 완전한 문장에 연연해하지 않으며 어순을 자주 무시하는 등 문법에 크게 구애받지 않는다. 그는 격앙된 감정을 효과적으로 노출하는 데 필요하다면, 문장이 불완전해지더라도 과감하게 문법을 포기해버린다. 우리말과 독일어의 서로 상이한 특성 때문에, 이런 분위기가 번역을 통해 그대로 전달될 수 없다는 게 아쉽다. 프로메테우스가 누리는 '언어의 자유'는 여기서 그치지 않는다. 그의 분노를 직접적으로 드러내기 위해 느낌표와 물음표가 거의 '남발'에 가까울 정도로 빈번하게 사용된다. 쉼표가 유난히 많다는 것도 흥미롭다. 흥분한 상태에서 숨을 헐떡이거나 말을 끊어버리는 상황을 실감나게 전달하기 위해서일 것이다.

그뿐 아니라 과도하게 사용된 의문문의 형식도 두드러진다. 전체 여덟 연 중 절반에 해당하는 4연부터 7연은 특이하게도 모두 의문문으로 이루어져 있다. 하지만 이들은 정보 전달을 위한 평범한 질문이 아니라 모두 수사적 질문이다. 수사적 의문문이란 이미 대답을 상정해놓고 묻는 경우, 따라서 묻는 내용을 오히려 긍정하고 확인하려는 의도에서 물음표를 붙여보는 질문이다. 이 역시 프로메테우스의 투쟁적 '언어 전술'을 엿볼 수 있는 대목이 아닐 수 없다.

사회적 좌표 속의 프로메테우스

지금까지 꼼꼼히 시를 읽어 내려온 독자라면 누구라도 괴테가 프로메테우스라는 '비서정적' 인물을 소재로 선택한 까닭을 궁금해하지 않을 수 없다. 이 시는 전통적으로 서정시의 핵심이라고 할 수 있는 정서의 교감을 유발하는 것도 아니고, 그렇다고 특별한 음향적 아름다움으로 독자를 설득하는 것도 아니기 때문이다. 어쨌든 한 가지 분명히 드러나는 것은 한 인물이 절대적 독립성, 자율성을 고집스러우리만치 시종일관 되뇌고 있다는 사실이다. 그렇다면 이제 우리는 괴테가 프로메테우스를 통해 인간의 어떤 존재 형태를 상정했을 것이라고 전제할 수 있지 않을까?

신화 속 프로메테우스는 인간을 창조하는 한편 인간에게 불을 훔쳐 다주어 창조적 삶을 가능하게 했던 문명 내지 문화의 시조로 알려져 있다. 이렇게 보면 그에게 가장 중요한 키워드 중 하나는 단연 '창조'라 해도 지나치지 않을 것이다. 신화에서처럼 시 속의 프로메테우스 역시 인간을 '만든다.' 그런데 기독교의 창조 역사가 피조물보다는 창조주 야웨에 초점을 맞춘 것과는 달리, 시의 마지막 연은 프로메테우스보다 오히려 그가 만드는 인간들에 더 관심을 기울이는 것처럼 보인다. 그만큼 상세한 윤곽을 곁들인다. 그들은 "나와 닮은 종족,/번민하며 울고/즐거움을 누리고 기뻐하는,/그리고 그대를 숭배하지 않는 종족"이다. 그렇지만 마지막 시행의 유일한 단어인 '나ich'가 강조되면서, 이들이 결국 '나'를 설명하기 위한 도구에 지나지 않음이 곧 밝혀진다. 프로메테우스는 희로애락에 충실한 동시에 독립적인 인간의 모습을 그려내어, 그것이 곧 자기 자신의 형상임을 역설하는 것이다.

그렇다면 대체 누가 프로메테우스가 될 수 있을 것인가? 물론 가장 손쉽게 접근하는 방법이라면, 우선 시의 서정적 자아인 '나'의 실체에 시인 괴테를 대입시켜보는 것이다. 이 경우 답은 아주 간단하다. 프로메테우스는 의심할 여지없이 괴테를 포함한 작가의 화신이라고 일반화해볼 수 있다. 하지만 그런 단순한 방법을 접고 당시 문화사의 우회로를 통해 프로메테우스라는 인물에 다가가는 것도 흥미로운 경험이 될 것이다.

이 시는 1774년경 쓰여진 것으로 알려져 있다. 서양문화사에서 이즈음은 계몽주의 시대로 분류된다. 계몽주의를 특징짓는 이성중심주의적 사고는 학문뿐 아니라 실제 생활의 몇몇 부분에도 인식의 전환을 가져왔다. 그럼에도 불구하고 전반적 현실 상황은 진보적 사고를 담기에는 아직 역부족이었다. 소위 '계몽의 꽃'이라던 프랑스 혁명이 일어나기도 전이었으니까, 당시 전근대적이고 억압적인 정치 · 사회 정황에 대해서는 어느 정도 상상이 가능할 것이다.

물론 문학계도 마찬가지였다. 유럽의 시민 문화를 선도적으로 이끌던 영국과 프랑스의 영향을 받은 독일에도 시민 계급을 주요 고객으로 한 문학 시장, 그리고 그와 관련된 인기 작가라든가 인기 작품의 개념은 존재했다. 하지만 자기가 쓴 작품으로 생계를 해결할 수 있는 소위 자유문필가의 삶은 아직 가능하지 않았다. 저작권이 없었음은 물론이고 원고료도 적었다. 오죽하면 여러 가지 면에서 예외적 현상이었던 괴테조차도 제후에 봉사하는 처지가 아니었던가. (물론 괴테의 경우 경제적 여건이 유일한 이유는 아니었다.) 이런 보편적 상황들은 작가의 예속적 삶을 드러내 보여주는 단면이다. 독자를 염두에 두고 글을 써야만 하는 처지, 그리고 그것을 원하지 않는 경우 자력으로 출판할 수 있을 만큼의 자본도 없었기 때문에 좌초할 수밖에 없었던 작가들의 현실을 말이다. 특히 창조적 예술가로서의 자의식을 가지고 스스로에게 높은 요구를 설정했던 작가들은 부유한 멘토의 손에서 떨어지는 후원금 내지 무지한 독자에 종속될 수밖에 없는 상황에서 자기 분열적일 수밖에 없었다.

독일문학사의 질풍노도 운동은 바로 이러한 모순의 시대의 산물이

시 「프로메테우스」가 쓰여질 즈음 괴테의 모습을 크라우스Georg Melchior Kraus가 유화 습작에 담았다.

다. 질풍노도기는 시기적으로는 계몽주의와 겹쳐 있다. 하지만 기존 권위의 모든 간섭과 통제를 거부한다는 점에서는 계몽주의와 맥을 같이 하면서도, 인간 감성의 자유롭고 창조적인 발현을 꿈꾸었다는 점에서 대척점에 있었다. 이성 중심의 일방통행로에서의 역주행이었던 셈이다. 청년 괴테의 첫 소설 『젊은 베르테르의 고뇌』가 시 「프로메테우스」와 비슷한 시기인 1770년대에 쓰여졌다는 사실은 시사하는 바가 크다. 베르테르의 소위 '사랑의 죽음'도 이와 같은 맥락에서 이해되어야 한다. 그의 자살은 닫힌 사회의 관습과 전통, 권위주의적, 귀족주의적 권력에 대한 반기이기도 하지만, 이성을 중심으로 공회전하는 시민 사회의 모든 억압으로부터의 유일한 해방이라고 믿고 선택한 적극적 행위였다고 보아야 할 것이다.

이처럼 문화사적 테두리 안에서 관찰하면, 프로메테우스는—문학적 실존이건 사회적 실존이건 간에—자신을 위협하는 모든 형태의 제약으로부터 해방을 꿈꾸었던 작가 내지 예술가를 구현하고 있다고 볼 수 있을 것이다. 물론 그 현실적 억압에 대한 저항이 괴테를 비롯한 모든 당시의 작가들에게서는 프로메테우스의 경우처럼 의식적으로 표출되지는 못했다 하더라도 말이다.

하지만 시 「프로메테우스」는 독자의 생각을 여기서 멈추게 하지 않는다. 작가의 상황은 시민 계급 대 귀족 계급의 사회적 문제로 확대된다. 당시 작가의 대다수가 교육받은 시민 계급Bildungsbürger 출신이었기 때문에, 이들은 곧 인간을 억누르던 기존 권력에 대항하는 각성된 비판적 시민 계급과도 동일시되는 까닭이다. 이러한 맥락에서 시대가 탄생시킨 키워드가 하나 있으니, 이것은 바로 '천재' 개념이다. 시간과 더불어 조금씩 호전되어가기는 했지만, 이 개념에는 보이지 않는 계급적, 시대적 갈등 상황이 투사되어 있기 때문에, 예술가의 자의식을 이해하는 데 비중 있는 역할을 한다. '천재'라는 개념어를 둘러싼 혁명적 아이디어에는 셰익스피어와 루소가 자리잡고 있다. 그리스 고전극으로부터 과감히 벗어난 당대 문학계의 이단아 셰익스피어와 인간의 본성인 '자연'의 중요성을 설파한 프랑스의 루소가 영감을 주지 않았더라면 '천재' 개념은, 최소한 이처럼 광범위한 문화사적인 의미로는 영원히 존재할 수 없었을지도 모른다.

특히 독일의 경우 당시 지식인들이 누렸던 정신적 자유는 상대적으로 무한대에 이른 반면, 정치 · 사회적으로 그들이 영향력을 행사할 수 있는 기회는 거의 차단되어 있었다. 이들은 대부분 시민 계급 출신이었기 때문이다. 이 상황은 이상과 현실 사이의 막대한 괴리를 초래했고, 많은 지식인들을 좌절하게 하는 가장 중요한 원인이 되었다. 결국 자신을 주장하고 정당화하기 위해 이들에게는 인간에 대한 새로운 평가 기준이 필요했다. 한 인간에 대한 당시 기득권의 평가 기준이 그가 어떤 계층에 속하는가에 있었다면, 계몽주의가 발견한 개인의 능력의 잣대는 물론 완전히 달라야 했다. 계몽적 사상에 의해 교육받고 성장한 시민들의 자의식은 개개인의 창조력이야말로 최고의 능력이라는 공식을 가능하게 했다. 이런 관점은 물론 과거의 신분 이데올로기를 염두에 두고 볼 때 가히 혁명적 변화였다. 신분이나 계급 같은 사회적 소속감과는 달리, '천재성'은 유산으로 물려받는 것이 아니라, 세습적 요소를 뛰어넘는 '돌연변이'와 같은 무엇이었던 까닭이다.

이 천재 개념 속에는 사회적 의미에서 계급 간의 갈등과 저항만 내재되어 있는 것은 아니다. 시민 계급, 특히 예술가 계층에게 또 하나의 적은 다름 아닌 내부의 적이었다. 일반적으로 당시 귀족 사회는 시민 계층에게 도덕적 우월감을 심어주기에 충분할 정도로 심각한 타락상을 보이고 있었다. 반면 근면 성실하게 단순하고 유용한 삶을 꾸려가는 것이 시민의 미덕이라는 분위기는 이들 시민 계급에게 또 다른 수식어를 붙여주었다. 일상의 안위를 지상 목표로 하는 '소시민'이 바로 그것이었다. 그런 시민의 '미덕'을 강요하는 것이야말로 자유를 추구하는 예술가에게는 독소 조항이 아닐 수 없었다. 이런 배경에서 천재 개념에는 시민적인 일상의 구속으로부터 예술을 구분해주는 역할까지도 부가된다. 요약하면 '천재'란 예술가를 귀족 계층뿐 아니라 일반 시민 계층으로부터 차별화하는 개념으로 자리잡게 된 것이다. 그리고 이렇게 해서 '천재성'은 특히 작가들에게 신앙과도 같은 전제 조건이 되었다.

그렇다고 이 추상명사가 재능의 정도를 측정하는 객관적 도구가 된 것은 물론 아니었다. 그런 의미에서 그림 한 장 제대로 그리지 못한 베르테르일지라도 천재의 반열에 들어갈 수 있었던 것이다. 여하튼 아무도, 그 어느 것도 천재 내지 작가의 자유를 제한해서는 안 된다는 내면의 약속이 예술가들 사이에 팽배해 있었다. 이것은 예컨대 문학의 내용과 형식에 대한 작가의 자유가 교회나 세속의 권력을 통해서 침해되어서는 안 된다는 인식이었다. 이러한 '과도한' 요구가 당시 사회의 현실에 부응하는 것은 물론 아니었지만 말이다.

이제 괴테가 프로메테우스를 통해 전달하려는 바, 즉 이 신화 속 인물에 투사한 인간형은 이렇게 요약될 수 있다. 제우스의 통제를 벗어나 자유의지를 가지고 인간과 더불어 동고동락하기를 원했던 프로메테우스, 게다가 인간다운 인간을 창조하는 프로메테우스야말로 억압의 시대의 질곡을 끊고자 했던 자유예술가이자 자율적 시민 계급의 표상에 다름 아니었던 것이다.

프로메테우스의 후예들

프로메테우스라는 도발적이고 극적인 모티브는 문학의 영역을 넘어서 여러 시대 예술가들의 창작혼을 자극했다. 루벤스, 코시에, 러셀, 모로, 그리펜케를 등이 남긴 회화는 프로메테우스 신화를 이해하는 스펙트럼의 다양함을 보여주고 있다. 물론 여기 빠질 수 없는 것은 슈베르트의 가곡 「프로메테우스」와 리스트의 동명의 교향시이다. 이처럼 다채로운 예술적 변용은 그만큼 프로메테우스의 저항이 예술가의 영감에 투영되는 몫이 크다는 사실을 우회적으로 보여준다.

괴테의 프로메테우스가 탄생한 지 한 세기가 흐른 19세기 말, 니체 역시 그의 영웅적 도발을 놓치지 않았다. 니체가 프로메테우스에 대해 가졌던 무한한 동경은, 우선 『비극의 탄생』에서 괴테의 시 「프로메테우스」의 마지막 연을 그대로 인용하는 데서도 확인된다. 여기서 그치지 않고 그는 당시 문화계에 대한 저항정신을 프로메테우스의 몸짓을 통해 새로이 투사한다.

■▮ 프로메테우스 신화는 여러 화가들의 소재가 되었다. 왼쪽은 귀스타브 모로의 〈프로메테우스〉(1868)이고, 오른쪽은 페터 파울 루벤스의 〈사슬에 묶여 있는 프로메테우스〉(1611-2)이다.

이 사람을 보라

그렇다 나는 안다, 내가 어디로부터 왔는지를!
불꽃과도 같이 굶주린 채
나는 타오르며 나를 집어삼킨다.
내 손이 닿는 모든 것은 불이 되고,
내 손을 놓으면 숯이 되니
난 틀림없이 불꽃이다.

Ecce Homo

Ja, ich weiß, woher ich stamme!
Ungesättigt gleich der Flamme
Glühe und verzehr ich mich.
Licht wird alles, was ich fasse,
Kohle wird, was ich lasse:
Flamme bin ich sicherlich.

'이 사람을 보라'로 번역된 시의 라틴어 제목 'Ecce Homo'는 신약성서 요한복음 19장 5절 "이에 예수께서 가시관을 쓰고 자색옷을 입고 나오시니 빌라도가 그들에게 말하되 보라 이 사람이로다 하매"에서 유래한다. 인용된 구절은 '자칭 유대인의 왕'이라는 죄목으로 고난받는 예수에게 죄가 없다는 것을 인정하는 빌라도의 진술이다. 하지만 니체적 의미의 '이 사람'은 기존의 인간 이해를 넘어서는 사람, 신을 대신하는 인간, 즉 초인을 말한다.

그런데 정작 우리에게 흥미로운 건 이 짧은 시에 담긴 모티브들이 프로메테우스 신화와 깊이 연관되어 있다는 사실이다. 여기에는 니체의 초인 사상과 그가 '능동성의 영광' 또는 '불경不敬의 찬가'라고 표현했던 프로메테우스 모티브가 절묘하게 결합되어 있다. 물론 니체가 프로메테우스를 놓치지 않았던 여러 가지 이유 중에도 '불'의 의미는 특별하다 할 것이다. 니체에게 불은 발전해가는 문화의 진정한 수호신이었기 때문에, 새로운 문화를 꿈꾸던 니체에게는 평범하게 넘겨버릴 수 없는 주제였으리라.

단지 신화의 인물과 한 가지 다른 게 있다면, 신화의 프로메테우스가 불을 훔쳐 인간에게 준 데 반해, 니체의 프로메테우스는 불 자체, 즉 창조의 주체로 '승격'된다는 점이다. 시의 '나'는 불에서 비롯된 자로, 불의 본질이다. 그리고 불과 연관된 '나'는 곧 프로메테우스로 풀이되며, 창조의 씨앗인 불을 인간에게 가져다준 인간 위의 인간이다. 이제 성경과 신화의 진술을 연결시켜보면, 니체에게 구원자 예수의 흔적을 가진 프로메테우스는 초인의 원형이다.

이런 프로메테우스는 어떤 경로를 통해서인지는 확인된 바 없으나, 수십 년 뒤 우리 시인 윤동주에게도 특이한 흔적을 남긴다. 별주부전과 프로메테우스 신화를 각각의 맥락으로부터 해체하여 하나의 새로운 신화로 엮어낸 시 「간肝」이 그것이다.

바닷가 햇빛 바른 바위 위에
습한 간肝을 펴서 말리우자.

코카사쓰 산중에서 도망해온 토끼처럼
둘러리를 빙빙 돌며 간을 지키자.

내가 오래 기르던 여윈 독수리야!
와서 뜯어 먹어라, 사름없이
너는 살지고
나는 여위어야지, 그러나,

거북이야!
다시는 용궁의 유혹에 안 떨어진다.

프로메테우스 불쌍한 프로메테우스
불 도적한 죄로 목에 맷돌을 달고
끝없이 침전하는 프로메테우스.

윤동주의 프로메테우스는 괴테나 니체의 그것에 비해서 훨씬 더 체념의 분위기에 짓눌려 있으면서도, 포기하지 않는 저항의식을 보여준다는 점에서는 크게 다르지 않다. 간을 조금씩 뜯어 먹히면서라도 생명을 내어주는 일만은 없게 하리라는, 몸은 희생하더라도 정신만은 지키겠다는 굳은 결의를 보여준다. 끝까지 저항하면서 인간을 위해 속죄양이 되겠다는 프로메테우스의 의지와도 통하는 것이다.

이제 다시 원래의 주제로 돌아가보자. 이런 우회로를 거쳐 다시 한번 괴테의 시를 읽어보면 다음과 같은 결론에 이른다. 프로메테우스의 모습에서 우리는 저항가이자 혁명가, 더 나아가 창조자의 모습을 본다. 거기에는 창조적 천재의 시대를 살았던 제한된 존재의 모순에 대한 괴테의 탁월한 통찰이 담겨 있다. 예술가, 더 나아가 인간을 억압하는 절대적 권력과 권위를 비판하면서, 이로부터 완전히 자유로운 새로운 천재상을 예술가의 이상으로 투사하고 있는 것이다. '예술가의 자율성'을 말하기에는 너무나 역부족이었던 한 시대의 작가이자 말 그대로 '천재'였던 괴테. 그는 이 고뇌의 본질에 그 누구보다 민감했기 때문에 이러한 문제의식과 자율적 창작에의 열망을 언어로 승화시킬 수 있었던 건 아닐까. 그리고 이로써 오늘의 작가에게 이렇게 묻고 있는 건 아닌지. 당신은 진정 프로메테우스를 떠올리는가, 라고.

Johann Wolfgang von Goethe, *Werke. Bd.1: Gedichte und Epen I.*, München 1981.

:: 토마스 만의 소설 「베니스에서의 죽음」

사死의 찬미

이탈리아 영화감독 루키노 비스콘티가 1971년 「베니스에서의 죽음」을 만들지 않았더라면, 동명의 이 소설은 어쩌면 아직도 많은 이들에게 미지의 세계로 남아 있을지 모른다. 그러나 행여 이 영화를 아는 이들이라도 이것이 독일의 대문호 토마스 만의 소설을 토대로 한 작품이라는 사실에 관심을 두는 경우는 드물다.

1913년 출간된 이 소설은 세기 전환기 유럽의 문화 현상 전반에 스며 있던 '감각적 몰락'을 드러내어 주제화했다는 점에서 상당한 주목을 끌었다. 소설의 시대적 배경인 세기말, 유럽 제국주의 국가들은 타 대륙을 향한 식민주의적 탐욕에 눈멀어 있었을 뿐 아니라, 대륙 내 정치 상황 역시 전운戰雲의 위협에 노출되어 일촉즉발의 위기를 맞고 있었다. 독일의 경우도 정도 차가 있었을 뿐 예외는 아니었다. 경제적 이윤과 물질주의적 진보만을 우선시하는 분위기는 급기야 정신적, 문화적

토마스 만의 동시대인 보른Wolfgang Born은 소설 「베니스에서의 죽음」을 석판화 연작으로 재해석했다. 만의 초기 반응은 다소 부정적이었다고 하나, 얼마 후 '영적이고 상징적인' 이 그림들이 소설의 중요한 요소들을 전달해준다고 극찬했다. 이 석판화는 표지 그림이다.

위기로 이어졌으며, 이 상황에 대한 위기의식은 니체와 이후의 일부 지식인들에게 시대의 화두로 대두된다. 시민층의 허위적 문화의식과 실제 현실의 문화 결핍 현상 사이의 괴리를 목도한 이들의 문화 진단은 '염세주의'와 '데카당스'라는 열쇠어로 농축된다. 소설 「베니스에서의 죽음」 역시 이러한 인식의 문학적 결과라 할 수 있다.

소설은 제목에서부터 독자를 자극하기에 충분하다. 한편으로는 환상적인 물위의 도시 '베니스'에, 다른 한편으로는 인간에게 영원한 도전일 수밖에 없는 '죽음'에 무게중심을 두는 까닭이다. 이탈리아 반도 지중해안 서북쪽에 자리잡은 베니스는 동양으로 통하는 관문으로, 일찍이 르네상스 시대부터 교역의 중심지가 되면서 경제적 우위를 점했다. 그리고 이를 기반으로 음악과 미술, 건축을 망라하는 문화 예술을 찬란히 꽃피워 세계문화사에 그 이름을 각인시켰다.

다양한 현재의 얼굴 속에 지나간 시간의 흔적을 고스란히 담고 있는 화려한 도시를 전면에 부각시키는 인상적인 제목 '베니스에서의 죽음'을 실마리로 하여 소설에 내재된 메시지를 미리 엿볼 수는 없을까? 보다 효과적인 접근을 위해 6H 원칙, 즉 사실 보도의 여섯 가지 원칙을 적용해보기로 하자. 말하자면 누가, 언제, 어디서, 왜, 무엇을, 어떻게, 했는가가 관건이다. 제목은 이미 두 질문에 대해 단답형의 해답 정도는 제시하고 있다. '어디서'는 '베니스'로, '무엇'은 '죽음'으로 귀결되는 것이다.

존경받는 중년의 작가 구스타프 아셴바하는 글쓰기에 지친 나머지 일상을 탈출하여 여행길에 오른다. 먼저 아드리아의 섬으로 갔으나 마음에 들지 않자 즉흥적으로 베니스로 행선지를 바꾼다. 그리고 그곳 리도 섬의 한 화려한 호텔에서 미켈란젤로의 다윗 조각상을 연상시키는 완벽하게 아름다운 소년 타치오를 우연히 발견하고 매료된다. 레스토랑, 해변 등 어디든 그가 가는 곳마다 마주치는 타치오. 주인공은 모종의 호기심을 갖고 그를 계속 미행한다. 그의 시선을 눈치 챈 소년도 그에게 눈길을 보내게 되면서, 그의 마음엔 점차 에로틱한 감정이 싹튼다. 그러던 중 베니스에 콜레라가 번지고 외국인들은 서서히 섬을 떠나가지만, 아센바하는 그 사실을 알면서도 남아 있다가 마침내 감염되고 만다. 그는 떠나가는 타치오의 마지막 모습을 바라보면서 결국 숨을 거둔다.

단순하게 요약되는 이런 줄거리 때문에, 그리고 작가 토마스 만의 실제 삶의 궤적 때문에, 우리 문화계에서도 목하 화두가 되고 있는 동성애 코드로 이 소설을 읽어보려는 이들이 적지 않다. 하지만 소설 속 현실은 그보다 훨씬 복합적인 문화적 지형도를 그려내고 있다.

다시 6H 원칙으로 돌아가보면, '누군가', 즉 '베니스'에서 '죽은' 사람은 구스타프 아센바하라는 당대의 성공적인 '국민 작가'다. 단정하며 검약한 삶을 산 고위 법관 아버지와 보헤미안 기질을 가진 악사의 딸인 어머니 사이에서 태어났다는 점에서 그는 같은 작가의 소설 「토니오 크뢰거」의 주인공과 일정한 공통분모를 가지고 있다. 하지만 태생적으로 시민성과 예술성을 고루 갖춘 특별한 작가였던 그였음에도 '예술'보다는 '정신'을 중요하게 생각하며 철저하게 시민적인 삶을 살아왔다. 말하자면 그에게는 현실에 대한 불만이 창작에 결정적인 동인이 되기도 하지만, 반면 시민 사회에 적응하고 견뎌내는 모순을 지닌 인물로 그려진다. "물론 불만감은 젊은 시절의 그에게도 재능의 본질이기도 하면서 재능의 가장 핵심적인 특성으로 통하기도 했다. 그런 점을 염두에 두어 그는 감정을 억제하고 냉정을 유지"하거나 "뒤늦게 느닷없이 그를 사로잡으려 한 그 무엇인가는 이성과 젊은 시절부터 단련된 자제심으로 곧바로 진정시키고 가라앉혔다."

그의 내면의 모습은 '상당한 의지의 신중함'과 '주도면밀함', '집요함', '세밀함', '유럽 정신' 즉 '문명', '이성과 자제심', '의지', '억압당한 감정' 같은 키워드에 담겨 있다. 물론 데카당스의 경향을 아주 극명하게 보여주는 '허약한 육체'도 빠져서는 안 된다. 그런 그가, 예술가의 진정한 자기 정체성을 찾아 고향으로 향하는 토니오와는 달리, 왜 하필 베니스로 갔을까? 그리고 어떻게 죽어갔다는 말인가?

왜 하필 베니스인가

> "아, 베니스라! 정말 멋진 도시죠! 지금 현재의 매력을 보나 과거 역사로 보나 교양인에게는 물리칠 수 없는 매력을 발산하는 도시지요." (437)

소설 초두에 베니스는 이렇게 소개되고 있다. 르네상스 시대 경제의 중심지이자 예술과 문화, 그리고 사교의 중심지라는 보편적 코드로 말이다. 그러나 피상적인 오늘날의 관광객에게 비치는 베니스의 매력은

■■ 산 마르코 광장의 비둘기와 더불어 베니스를 대표하는 검은 곤돌라는 소설에서 죽음의 상징물로 등장한다.

일차적으로 독특한 풍광에 있다. 177개에 달하는 운하와 118개의 작은 섬들, 그리고 400개를 훨씬 웃도는 다리들로 이루어진 물의 도시 베니스의 아름다움은 막상 걸으면서 확인하지 않으면 실감할 수 없는 신비로운 무엇이다. 대운하를 중심으로 펴져 있는 수로와 물결 위를 미끄러져가는 검은 곤돌라, 수천수만 마리 비둘기가 날아가며 장관을 이루는 광장들……

반면 남국의 화려하고 낭만적인 분위기 이면에는 그늘지고 퇴폐적인 이미지도 함께 자리잡고 있다. 서로 뒤엉킨 듯 보이는 물길과 골목들, 숨어 있다 어느새 드러나는 뒤안길에 이르면 퇴락한 집들 사이사이 걸려 있는 빛바랜 빨래들에 시선이 멈추기도 한다. 물론 이런 음산한 일면까지도 한데 어우러져 묘한 매력을 발산하는 도시의 미로에서 여행객들은 방향을 잃기 십상이다. 아니, 어쩌면 거꾸로 길을 잃기 위해 이곳을 찾는 건 아닐까 하는 착각이 들 정도로, 시간과 공간 감각을 마비시키는 도시다. 소설이 진행되면서 우리의 주인공 역시 베니스의 이런 속성을 이미 간파한 듯 보인다. 아셴바하는 단지 베니스만이 그에게 마법을 걸어 그의 의지를 누그러뜨리고 그를 행복하게 만들어준다고 털어놓는다. 거부하기 어려운 도시의 마력은 시간이 흐르며 부정적인 색채를 덧입고 적나라하게 묘사된다.

> 아첨을 잘하는, 믿기 어려운 미녀와도 같은 도시, 어쩌면 동화 같고 어쩌면 나그네를 유혹하는 함정 같은 도시. 이 도시의 썩어가는 공기 중에서 한때 예술이 향락적으로 번성했던 것이다. (……) 이 도시가 병들었

고 이윤 추구 때문에 그 사실이 비밀로 붙여지고 있다는 사실이 떠올랐다. (498)

하지만 콜레라까지도 비밀에 붙이는 위험한 트릭을 꿰뚫어보면서도 그는 전염병에 노출된 도시를 떠나지 못한다. 아니, 심지어 떠날 결심을 하고 실행에 옮기는 듯하다가 곧 다시 돌아와 안도하기까지 한다. 이처럼 긍정적인 동시에 부정적인 마력을 행사하는 베니스가 지닌 함의는 과연 무엇일까? 아래 인용문은 이 물음에 대해 많은 것을 시사해 주고 있다.

> 아름다운 소년의 뒤를 밟아가다가 아센바하는 병든 도시의 안쪽 어지러운 골목 속으로 빠져들었다. 이 미궁과도 같은 작은 골목들, 운하, 다리, 작은 광장 등이 서로 너무 똑같이 생겨서, 그는 방향 감각을 잃어버리고 더 이상 방위조차 확실히 가늠하지 못했다. (……) 주위는 고요했다. 풀이 포석 사이에서 자라나고 쓰레기들이 여기저기 널려 있었다. 비바람에 상하고 높이가 고르지 모한 주변의 집들 가운데서 궁전 같은 고딕식의 아치형 창문을 가진 집이 하나 보였다. 그 안에는 아무도 살고 있지 않았고, 사자 장식이 된 조그마한 발코니가 있었다. (……) 황량해진 휴양지에는 가을 기운이, 잔존한 쇠락의 기미가 감돌고 있었다. (522-527)

한때 화려한 아름다움을 자랑했으나 이제는 역사의 뒤안길에서 쇠락의 길을 걷고 있는 '병든' 도시는 이 글의 초두에 사용했던 '데카당스'라는 시대의 열쇠어를 시각적으로 웅변해준다. 타치오의 아름다움이 아셴바하를 이끌어간 곳은 바로 그런 골목길이자, 영원히 헤어나올 수 없는 몰락과 죽음의 막다른 길이었다. 그런 의미에서 이성이 거부할 수 없는, 거부하고 싶지 않은 유혹인 타치오와 베니스는 충분히 동일시될 수 있지 않을까.

토마스 만이 이 점을 의식하고 있었다고 주장하긴 어렵지만, 발성적인 차원에서 논의해보는 것도 흥미로운 일이다. 베니스Venice는 비너스Venus와 비슷하게 발음된다. 비너스는 서양 문화 전통에서 미와 사랑의 여신인 동시에 유혹과 타락의 근원으로 규정되어왔다. 예를 들어 바그너의 악극 「탄호이저」에서 주인공이 향락에 빠져 있던 장소 역시 비너스 산이 아니었던가. 유사한 맥락에서 아래 사실에 주목하는 것도 의미 있는 일이다.

비스콘티의 영화에서 아셴바하를 베니스로 데려다 준 배의 이름 역시 특이하게도 '에스메랄다'였는데, 이는 「노트르담의 꼽추」에 등장하는 매혹적인 집시 여인을 일컫는 이름이다. 비스콘티에게서도 베니스와 여인의 유혹이 동일시되고 있음을 보여주는 대목이다. 이 같은 일련의 암시는 '아첨 잘 하고 신용할 수 없는 미녀와도 같은 도시'라는 아셴바하의 평가로 귀결된다. 이런 이중삼중의 연결고리들을 염두에 둔다면, 아름다움과 몰락의 이미지를 동시에 지닌 베니스가 '죽음'의 사건이 일어난 장소로 선택되었다는 사실은 결코 우연이 아니다. '이보다 더 잘 어울릴 수' 있는 장소는 없는 것이다.

타치오, 비이성과 신화의 세계

이제 베니스와 같은 축에 자리잡게 된 유혹의 진앙지 타치오란 인물로 시선을 돌릴 차례다. 폴란드계 소년 타치오는 완벽한 신화적 아름다움, 인간의 상상력이 만들어낼 수 있는 최고의 아름다움을 구현하는 인물로 아셴바하와 처음 마주친다. 아셴바하의 탄성은 이렇게 표현된다.

> 창백하면서도 우아함이 깃들이고 내성적 면모를 보이는 얼굴은 연한 금발머리에 둘러싸여 있었다. 곧게 뻗은 코와 사랑스런 입술, 우아하고 신성한 진지함이 어린 표정을 담은 그의 얼굴은 가장 고귀했던 시대의 그리스 조각품을 연상시켰다. 그것은 가장 완벽하게 형식을 완성시킨 모습이었다. (451)

타치오의 모습은 말 그대로 이상적 미의 개념을 완벽하게 완성하는 아폴론적 조형 미술을 상징하고 있다. 그러나 동시에 예술 작품이라는 수동적 의미에 머물지 않고, 아예 예술의 근원인 신화의 세계로까지 고양된다. 조금 더 진행된 지점에서 타치오는 여러 신들의 모습으로 다양하게 변용되면서, 주인공을 마비시켜 꿈과 도취와 감성의 세계로 서서히 안내한다. 우선 그의 신적인 아름다움은 '에로스 신의 두상'에 비유된다. 후에 에로스는 인간을 아름다움의 길로 인도하는 안내자로서 타치오와 동일시된다. 여기 바로 이어지는 묘사는 '타치오=비너스'라는 설정에서 매우 시사적인 대목이다.

그렇지만 이제 막 그가 그윽하게 허공을 응시하며 꿈을 꾸고 있을 때, 별안간 수평선의 해안 쪽 가장자리에서 사람의 형체 하나가 어른거렸다. 그가 무한의 세계에서 시선을 거두어들여 초점을 맞추자 바로 거기에는 그 아름다운 소년이 있었다. (460)

이 대목은 첫눈에도 르네상스 화가 보티첼리가 메디치 가家의 주문으로 그렸다는 불후의 명화 「비너스의 탄생」에 오버랩된다. 일설에 의하면 비너스는 파도 거품 속에서 탄생했다 하고, 또 다른 설에 의하면 바닷가 조개 속에서 나왔다고도 하는데, 어쨌든 확실한 것은 그녀의 탄생이 바다와 깊은 관계를 맺고 있다는 사실이다. 보티첼리의 그림은 후자의 견해에 따라, 조개 안에 발을 딛고 부끄럽게 서 있는 비너스와 꽃으로 장식된 가운으로 그녀를 덮어주려 하는 요정들의 모습을 묘사한다. 작가 토마스 만은 바다 정경을 배경으로 하여 미와 사랑의 화신 비너스를 우회적으로 묘사함으로써, 타치오의 신적인 아름다움과 비너스의 관능 또는 유혹을 한데 아우르고 있다. 비너스와의 관련성은 얼마 뒤 다시 한번 암시된다.

비할 바 없이 숭고하고 존엄한 표정에, 물방울이 뚝뚝 떨어지는 고수머리를 한 그 생명력이 넘치는 모습은 하늘과 바다 깊숙한 곳에서 내려온 귀여운 신과 같이 아름다웠으며, 이제 그 모습이 바다에서 달려나오고 있었다. 그 광경이 신화적인 상상을 불러일으켰다. 그 광경은 마치 태초의 시간, 형식의 기원과 신들의 탄생에 대한 시학 그 자체와도 흡사

「죽음」이라는 제목을 가진 보른의 이 석판화는 바닷가의 타치오와 아셴바하의 모습을 담고 있다. 완벽하게 아름다운 타치오를 좇다가 죽음을 맞는 아셴바하에게서 세기말 데카당스의 분위기를 느낄 수 있다.

하였다. (463-4)

이로써 정신과 이성으로 무장되었던 아센바하는 타치오가 등장함과 동시에 비이성과 신화의 세계, 상상과 꿈의 세계로 진입하게 됨을 알린다. 이를 재차 확인이라도 하듯, 바닷가 비너스의 모습은 술과 도취의 신 디오니소스와 태양신 아폴론의 형상으로까지 확대된다.

> 아센바하는 그 애가 하는 말을 한마디도 알아듣지 못했지만 그것은 지극히 일상적인 것인 듯했고 그의 귀에는 막연하게 듣기 좋은 음으로 들렸다. 그렇게 말을 알아듣지 못하다 보니 소년의 이야기가 음악으로 고양되었고, 당당하기 짝이 없는 태양이 소년의 자태 위로 아낌없이 휘황찬란한 빛을 쏟아부었으며, 바다의 초연한 깊이는 그의 모습 뒤에서 언제나 후광과 배경이 되어주었다. (478)

이 대목에서 주목할 것은 타치오의 언어다. 그가 사용하는 말은 아센바하가 이해할 수 있는 언어가 아니다. 하지만 바로 그 때문에 단순한 소통적 기능을 넘어서 '막연하게 듣기 좋은' 음악으로 진화할 수가 있다. 같은 맥락에서 바닷가에서 타치오의 모습을 바라보며 아센바하가 '마음속에서 울리기 시작하는 노래'에 귀를 기울였다는 묘사는 특기할 만하다. 물론 이것은 토마스 만이 찾아낸 고유한 미적 경험은 아니다. 이미 그보다 한 세기나 앞서 독일 낭만주의자들은 언어가 끝나는 곳에서 음악이 시작된다고 하지 않았던가. 이들의 음악관이 헤겔과 쇼펜하

우어, 니체를 거쳐 토마스 만의 문학에 닻을 내리고 있다는 사실은 널리 알려져 있다.

이 같은 공감각적 경험은 영화에서 아주 인상적으로 재현된다. 비스콘티 감독은 영화의 마지막 바닷가 장면에서 가사를 알아들을 수 없는 한 여인의 노래를 청각적 배경으로 설정한다. 원작 소설에 담겨 있는 현실을 초월하는 음악의 신비로움과 디오니소스적 도취, 그리고 그 비극적 결과인 파멸의 메시지를 이토록 적확하게 감지한 감수성에 새삼 놀라지 않을 수 없다.

일련의 미적 감각을 공유하는 이들에게 주효했던 음악적 요소는 디오니소스 신에 바로 소급된다. 토마스 만 문학의 미학적, 사상적 근간이라 할 수 있는 니체는 『비극의 탄생』에서 디오니소스적인 것과 아폴론적인 것의 개념을 도입하면서, 예술에 잠재된 대립적 특성들을 설명한 바 있다. 이 틀에 따르면, 일상의 제약과 한계를 뛰어넘는 디오니소스적 요소가 음악의 도취와 황홀경에 구현되어 있다면, 명징함과 균형과 절제를 기본으로 하는 아폴론적인 것은 조형 예술의 본질이다. 앞서의 인용문 첫 부분에서 소년의 모습에 숨어 있던 디오니소스적 음악정신은 다음 순간 태양신 아폴론의 빛의 이미지를 덧입는다. 니체에게 이런 이중성을 가진 예술의 힘은 "자연 자체로부터, 인간 예술가의 손을 거치지 않고 솟아나오는 것이며, 이 힘 속에서 자연의 예술 충동이 처음으로 그리고 직접적으로 충족되어진다." 그런 의미에서 타치오는 인간의 영역을 넘어서서 신적인 데까지 이른, 자연에 근원을 둔 최상의 예술인 동시에 디오니소스와 아폴론, 관능적 아름다움과 정신적 아름다움이 통일적인 균형을 이루는 최고의 예술로 규정될 수 있을 것이다.

최상의 아름다움의 정체에 관하여, 또는 예술이란 무엇인가

아셴바하는 타치오의 아름다움을 바라보고 인식하는 데서 멈추지 않고, 이 인식을 통해 스스로 예술가로서 아름다움을 정신적인 것으로 표현해내려는 창작 욕구에 사로잡힌다.

> 그는 갑자기 글을 쓰고 싶은 욕구를 느꼈다. (……) 이러한 위기의 시점에서는 위기를 맞이한 사람의 흥분이 생산적 창조를 향해 작용하도록 되어 있게 마련이었다. (……) 그 주제를 자기의 언어로 조명함으로써 찬연히 빛나도록 해보고 싶은 욕심이 생겨 갑자기 주체할 수 없이 되었다. (……) 소년의 아름다움을 정신적인 것으로 옮겨놓고 싶은 데로 치닫고 있었다. (483)

이렇게 보면 타치오는 창작 의욕을 상실하고 (일종의 도피성) 여행길에 올랐던 아셴바하에게 완전한 예술의 가능성을 다시 일깨우는 뮤즈처럼 보인다. 그와의 만남을 통해 아셴바하는 자신을 짓누르던 글쓰기의 무게감으로부터 비로소 해방될 수 있었던 것이다. 하지만 창조에의 욕구는 곧 '탐닉'으로 변질되고 만다. 이렇게 해서 소설은 넓은 의미에서 아름다움 내지 예술에 대한 담론으로 넘어간다. 아름다움의 본질에 관한 이 논의는 죽음의 원인, 즉 앞서 6H 원칙의 '왜'와 '어떻게'의 상당 부분을 해명해줄 수 있을 것이다.

아셴바하는 최상의 예술, 즉 최상의 아름다움은 정신적인 것에 있다고, 마찬가지로 최상의 예술은 형식으로 완성된다고 전제한다. 그의 전제가 인정된다면, 정신적인 것은 곧 형식이라는 도식도 성립된다. 그리고 이런 의미에서 타치오는 그 자체로 아셴바하에게 최고의 예술이자 최고의 형식을 현실로 보여준 셈이다.

하지만 이것이 전부는 아니다. 타치오를 눈앞에 두고 계속되는 아셴바하의 독백은, 단순히 아셴바하뿐 아니라 당시 문화예술계 전반에 스며 있던 일정한 분위기를 가늠할 수 있게 한다.

"아름다움만이 우리가 감각적으로 받아들이고 감각적으로 견딜 수 있는 유일한 정신적 형태이니라. 만약 그렇지 않고 그 밖에도 신이나 이성, 미덕과 진리가 우리 앞에 감각적으로 나타난다면, 우리에게 어떤 일이 일어나게 될까? 옛날에 제멜레Semele가 제우스 앞에서 그랬듯이 우리도 사랑 때문에 눈이 멀어 불타버리지 않겠는가? 그러니 아름다움은 느낄 수 있는 자가 정신적인 것에 이르는 길인 것이다." (……) 이렇게 말한 다음, 노련한 구애자인 그는 아주 미묘한 것을 이야기했는데, 그것은 사랑하는 사람은 사랑받는 사람보다 더 신적일 거라는 얘기였다. 그 이유는 사랑하는 자 안에는 신이 있지만 사랑받는 자 안에는 신이 없기 때문이라는 것이었다. 이것은 지금까지 인간이 머리에 떠올렸던 생각들 중에서 아마도 가장 섬세하고도 가장 조롱기가 많은 생각일 것이다. 동경이 지니는 온갖 교활함과 지극히 은밀한 쾌락이 바로 이 생각에서 유

래하고 있다. (482-3)

인용문에 따르면, 인간은 신이나 이성, 진리 같은 절대적 존재나 개념을 오감으로 느낄 수 있기에는 너무도 미흡한 존재다. 때문에 인간은 직접 '정신'에 이를 수도 없을 뿐더러, 그렇게 하려고 하면 파멸할 수밖에 없다. 그래서 정신에 도달하기 위해서는 어차피 중재자, 즉 아름다움이라는 중재자가 필수적이다. 이처럼 아셴바하는 타치오의 아름다움을 정당화하면서, 거기에 유일하고 절대적인 권위를 부여하고 있는 것이다. 그리고 이로써 그는 돌이킬 수 없는 '한' 걸음을 이미 내디딘 셈이다.

그러나 이렇게 '탐닉'을 합리화하는 순간에도 작가 토마스 만이 특유의 아이러니를 잊지 않음은 물론이다. 예술—여기서는 문학—의 정체성에 관한 진지한 성찰 속에 은밀하게 숨어 있는 '교활함'과 '자기기만'에 대한 아이러니 말이다.

하지만 아셴바하에게 그처럼 엄청난 '사건'이 되었던 아름다움이라 하더라도, 죽음을 코앞에 둔 그에게는 미세한 변화가 감지된다. 그의 인식은 보다 깊은 직관적(!) 성찰로 확대되는 것이다. 이는 거의 본능적, 선험적 깨달음이자 자기고백이라 해야 옳을 것이다. 그렇다고 그가 과거의 인식과 행동으로부터 과감히 방향을 선회하는 건 물론 아니지만 말이다. 아름다움과 예술, 그리고 정신의 관계에 대한 확장된 인식은 이렇게 표현된다.

"그러니까 아름다움은 느낄 수 있는 자의 길이란다, 어린 파이드로스여, 예술가가 정신에 이르는 길이란다. 그렇지만, 귀여운 애야, 이제 너는, 정신적인 것으로 가기 위해 감각적인 것을 통과하는 길을 걸어온 사람이 언젠가는 지혜와 진정한 품위를 얻을 수 있을 거라고 생각하느냐? 아니면, 너는 이것이 오히려—결정은 네게 맡기마—위험스럽고도 쾌적한 길, 즉 필연적으로 잘못에 이르게 하고 마는 정말 잘못된 길, 죄악의 길이라고 생각하느냐? 이렇게 묻는 이유는 네가 꼭 알아둬야 할 게 있어서인데, 그것은 우리 시인들은 에로스가 옆에 와서 안내자로 나서주지 않고는 아름다움의 길을 갈 수 없다는 사실이야. (……) 그러나 파이드로스, 형식과 자유는 도취와 탐욕으로 치닫게 되고 고귀한 사람을 무시무시한 방종의 감정에 빠뜨린다. 고귀한 사람 자신의 아름다운 엄격성이 그러한 방종을 불명예스럽다고 배척하는데도 말이다. 형식과 자유는 고귀한 사람을, 고귀한 사람까지도 타락의 나락으로 끌고 간다." (524-6)

다소 추상적으로 들리는 이 두 번째 인용문의 진술을 이해하기 쉽게 풀어 도식화해보면 이렇다. 인간은 중재자를 거치지 않고서는 직접 최상의 단계인 정신(아폴론적인 것)에 이를 수 없고, 아름다움(디오니소스적인 것)을 통해서만 정신에 이를 수 있으므로 예술은 정신에 이르게 하는 유일한 길이며, 이때 에로스는 아름다움의 길로 이끄는 안내자이기 때문에 마찬가지로 정당화된다는 것이다. 여기까지는 근본적으로 첫 번째 인용문과 미적 인식을 공유하고 있다.

그런데 예술에는 두 개의 얼굴이 동시에 내재되어 있다. 긍정적 의미에서 진정한 정신에 이르게 하는 유일한 수단인 동시에 목표에 이르지도 못한 채 아름다움의 단계에서 필연적으로 파멸하게 하는 한계를 가지기도 한다는 것이다. 바로 이 지점에서 첫 번째 인용문과 두 번째 인용문은 서로 차이를 드러낸다.

전향적으로 보이는 두 번째 인용문은 지금까지 아셴바하가 보여준 미에 대한 절대적 헌신의 태도로부터 약간 물러선 듯한 인상을 준다. 몰락해가는 순간 아름다움의 한계를 인식하고 그것에 대해 유보적인 거리를 두는 것처럼 보이는 것이다. 물론 죽음을 맞는다는 점에서 결과적으로는 마찬가지라 하더라도 말이다. 아니면 이 진술은 아셴바하를 통해 전달하고 싶은 작가 토마스 만의 내면의 목소리였을까?

어쨌든 아셴바하가 아 소설 전체를 통해 확실하게 손을 들어준 아름다움과 에로스에 대한 일련의 진술은 아름다움에 취해 파멸하기를 동경하는 데카당스의 분위기와 예술지상주의적 태도에 자연스레 연결된다.

데카당스 : 미와 사랑, 그리고 죽음에 대한 동경

이 글의 서두에 짧게 소개한 대로 19세기 말에서 20세기 초에 걸친 시기는 서구 역사, 특히 문화사의 대변혁기라 해도 과언이 아니다. 자연과학과 물질 문명의 빠른 확산, 무차별적 전쟁의 위협, 정신 문화의 부재에 대한 뼈저린 인식 등은 서구인의 집단 심리 속에 내재한 종말에 대한 원초적인 두려움을 새로이 일깨우기에 충분했다. 역사의 몰락을 문화의 몰락으로 받아들이면서 극단적으로 심미화하는 일련의 생활 태도인 데카당스는 '예술은 시민적 삶을 포기하는 데서만 가능하다'는 니체의 이분법적 명제 없이는 상상하기 어렵다. 토마스 만의 초기 작품 역시 이러한 '몰락의 심미화'에 감염되지 않을 수 없었다. 1900년을 전후하여 쓰여진 장편소설 『부덴부르크 가의 사람들』과 「토니오 크뢰거」, 「트리스탄」 같은 초기 단편은 그보다 십여 년 늦은 「베니스에서의 죽음」의 이슈를 이미 앞당겨 주제화하고 있다. 이들은 병, 아름다움, 죽음, 자유, 예술 등의 모티브에서 데카당스의 분위기를 공유한다.

이전의 소설 주인공들과 마찬가지로 아센바하 역시 타치오를 바라보며 만족하는 데서 그치지 않고, 죽음으로 귀착되는 순간에도 이 절대적 대상과의 일체감을 느끼며 열광한다. 아름다움과 삶을 맞바꾸는 이런 모습에서 우리는 당시 데카당스의 분위기를 다소 과장된 형태로 공감한다. 그런 그에게 무절제와 광분, 도취, 무질서, 음탕한 축제 등 디오니소스적인 요소가 강하게 작용하고 있음은 더 말할 나위가 없다.

토마스 만의 작품에서 데카당스는 특히 '병'의 증상으로 나타난다. 태생적으로 허약한 체질의 아센바하뿐 아니라 아무리 아름다운 타치오라 해도 '병'의 징후를 피해갈 수가 없는 것이다.

> 한데 그는 타치오의 치아가 그리 만족스런 상태가 아님을 알게 되었다. 이빨 끝이 좀 뾰족하고 창백한 데다가 건강한 치아에서 볼 수 있는 광택도 없었으며, 가끔 빈혈증 환자한테서 볼 수 있는 것처럼 치아가 이상하게도 호감을 주지 않는 투명한 색이었다. (465)

■■ 영화 「베니스에서의 죽음」에서 아셴바하 역을 맡은 더크 보가드Dirk Bogarde는 그의 인생 최고의 연기를 펼쳤다. 타치오 역의 비요른 안드레센Björn Andrésen은 당시 16세였으며, 그 신비스런 용모로 많은 주목을 받았다. 안드레센은 이후 대중가수가 되어 스톡홀름에서 활동 중이다.

인체의 골격인 뼈와 거의 동일한 성분을 가진 치아, 그만큼 단단해야 할 부분이 약해져 있다는 것은 그의 신체가 유약하고 저항력이 없다는 사실과 관계가 깊다. 게다가 창백하고 서늘한 느낌을 자아내는 상아빛 피부도 병과 죽음을 연상시킨다. 그래서 아셴바하는 거의 처음 만났을 때부터 마지막까지 반복적으로 타치오의 건강 상태를 이렇게까지 걱정하기에 이르는 것이다. "그의 생각에는 이따금씩 타치오가 벌떡 일어나거나 심호흡을 하는 게 탄식이나 가슴의 답답함을 뜻하는 것 같았다. '저 애는 병약하다. 아마도 저 앤 오래 살지 못할지도 몰라!'"(509) 어쩌면 아셴바하는 거의 똑같은 어휘를 되풀이하면서 무의식적으로 자신의 상태를 타치오에게 투사하고 있는지도 모른다.

어쨌든 다른 딸들에게는 엄격해 보이는 소년의 어머니가 타치오에게만큼은 특별히 너그러운 듯, 그의 일상적 태도는 자유분방하다. 그가 누리는 이런 자유는 병의 '대가'일 거라고 아셴바하는 나름대로 추측해보기도 한다. 병과 자유의 함수관계는 「베니스에서의 죽음」에서 비롯된 후속 장편소설 『마의 산』의 핵심 주제 중 하나다. 이 상호성은 쇼샤 부인의 경우에서도 관찰되는데, 그녀는 아프다는 이유로 얻은 자유를 방종에 이르기까지 과장하여 즐기는 유혹의 화신으로 등장한다. 여기서 병은 천재성과 동일시되기도 하고, 주인공을 죽음으로 내모는 디오니소스적인 것으로 규정되기도 한다.

베니스를 위협하는 병은 다름 아닌 콜레라다. 소설은 영국인 여행사 직원을 통해 콜레라가 갠지스 강 삼각주의 더운 늪지대에서 생겨났다는 사실을 상세히 보도해준다. 그런데 여행을 떠나오기 전 아셴바하가 낯선 사나이를 만난 후, 그에게 나타났던 시각적 환상은 바로 이 장소에 상응한다.

> 그것은 (……) 열대의 늪지대였다. 엄청나게 울창한 습한 밀림의 풍경, 섬과 진창, 더러운 진흙이 이어지고 강의 지류를 따라서 형성된 태곳적 원시 세계의 모습이었다. (……) 대나무 숲의 마디가 많은 대나무 사이에는 호랑이가 눈에 불꽃 같은 빛을 내며 웅크리고 앉아 있는 모습이 보였다. (421-2)

남국의 야성적 이미지인 열대, 늪지대, 진창, 원시 세계, 섬, 대나무 숲, 호랑이 등은 무질서와 비문명을 가시화하는 개념들로 보아도 무방하다. 더 나아가 이들은 모두 서구적 가치의 표상인 이성, 즉 아폴론적 요소와 대비되는 디오니소스적인 것을 상징하면서, 아셴바하의 죽음의 직접적 원인인 콜레라에 연결되는 것이다. 콜레라의 발원지가 아셴바하가 무의식적으로 가고 싶어하던 곳이자, 디오니소스 숭배의 근원지임은 우연이 아니다.

병의 극단적 결과는 죽음이다. 타치오의 병은 아셴바하의 죽음과 동일선상에 놓여 있는데, 그의 죽음을 암시하는 인물로 세 남자가 등장한다. 먼저 뮌헨의 공동 묘지에서 마주친 낯선 남자는 깡마른 체구에 수염 없는 얼굴과 납작한 코, 빨간 머리를 하고 지팡이를 들고 있다. 이러한 그의 모습은 그리스 신화에서 인간을 지하세계로 안내하는 헤르메스를 연상시킨다. 이 암시처럼 결국 그는 아셴바하에게 돌아올 수 없는

■▮▮ 소설 「베니스에서의 죽음」을 주제로 한 펠릭스 호프만의 목판화는 죽음을 상징하는 곤돌라 사공의 모습을 중세적으로 묘사해준다.

여행의 원인을 제공하게 된다.

두 번째 남자인 무뚝뚝하고 험한 인상의 곤돌라 사공은 뭉툭하게 들춰진 코에 곱슬곱슬한 금빛 수염을 하고 있다. 불그스레한 눈썹과 허연 이빨은 앞서 묘지의 이국적인 남자를 다시 떠오르게 하면서 죽음의 맥락과 연계된다. 물론 곤돌라도 죽음을 상징하는 효과적인 소도구로 일조한다. 곤돌라는 주검을 실어나르는 수단이자, 그 검은색 자체가 관처럼 보이기 때문이다.

마지막으로 소설 후반부에 등장하는 가수의 모습도 주목하지 않을 수 없다. 병색이 도는 수척한 얼굴을 한 그는 가냘픈 외관과 달리 '난폭하고 대담하며 위협적이면서도 쾌활한' 듯 보인다. 납작코에 창백한 얼굴, 옹골찬 이빨 등에 대한 과장되게 정밀하고 장황한 묘사는 다시 앞서의 두 남자를 연상시킨다.

세 남자는 모두 납작한 코에 붉은 머리와 불그스레한 눈썹을 가진 이국적인 외모로, 현재 장소에는 전혀 어울리지 않는 인상을 공유한다. 소설 전체를 통해 지속적으로 '낯선 신', '그 낯선 자'로 표현되는 디오니소스를 떠오르게 하는 모습이기도 하다. 이렇게 그로테스크한 세 남자의 설정은 쇠락, 퇴폐, 타락을 의미하는 데카당스의 분위기에 적절히 부합하고 있다. 그리고 궁극적으로는 독자들로 하여금 아센바하의 죽음을 예견하고 준비하게 하는 것이다.

유미주의, 더 이상 아름답지 않은 '아름다운 몰락'

아이러니하게도 데카당스는 유미주의 또는 '예술을 위한 예술L'art pour l'art'이라는 표현으로 귀결된다. 어차피 몰락하는 운명이라면, 이 몰락은 최소한 완벽하게 아름다워야 한다. 이 미학적 신념에 앞서 니체의 예술지상주의는 예술을 위해 삶을 포기하는 극단적인 선택을 한 바 있다. 세상의 부조리는 이성으로 해결할 수 있는 사안이 아니라, 오직 디오니소스적 예술에 도취함으로써 잊어버릴 수 있다는 이유에서다. 이로써 니체는 20세기로의 전환기에 유미주의의 길을 열었다. 이러한 경향의 예술은 현실과 동떨어져 아름다움을 창조하는 것을 삶의 유일한 목적으로 하기에, 아름다움을 위해 목숨을 던지게 할 수도 있는 것이다.

문학의 유미주의적 특징은 일차적으로 묘사 기법에서 감지된다. 아주 사소한 대상도 장황하고 치밀하게 그려냄으로써 묘사의 '대상' 자체보다는 '방법'을 더 중시한다. 이런 서술 원칙은 시각, 청각, 후각 등을 통한 감각적 반응을 표현할 때 더욱 효과적이다. 이미 부분적으로 인용했듯이, 등장인물들의 외관을 현미경으로 들여다보는 듯한 정밀묘사는 가히 압권이다. 아니면 베니스가 뿜어내는 냄새에 대한 묘사 역시 이 소설에서 수많은 인상적인 장면들을 만들어낸다. 수십 년 후 냄새 묘사에 관한 한 거장이 된 작가 파트리크 쥐스킨트를 선취하는 듯한 집요한 후각 묘사다.

그는 불현듯 공기 중에서 이상한 향기를 맡았다. 그러고 보니 이 향기는 이미 며칠 전부터 그가 의식하지 못하는 사이에 그의 감각을 건드려 온 듯했다. 어떤 들큼한 약제 냄새 같은데, 그 냄새는 불행, 상처 그리고 수상쩍은 청결함을 연상시켰다. (494)

유미주의적 어법은 독자의 감각을 미세하게 건드리는 묘사에만 국한되지 않는다. 이런 유형의 글에서는 주인공이 대부분 현실과 꿈 내지 몽상 사이에서 부유하는 장면이 선호되는데, 여기서도 이 특징은 두드러진다. 꿈은 곧 현실의 왜곡과도 통한다. 아셴바하에게도 "모든 것이 평상시와 아주 다른 듯했다. 세상이 기이한 모양으로 왜곡되고 꿈과 같은 낯선 느낌이 들기 시작하는 것 같았다." (439)

꿈이나 환상을 표현하는 경우가 아니더라도 '멍한 느낌', '몽롱함', '마비', '몽상' 같은 어휘는 이런 상황에 필수적이다.

우리는 측량할 수 없는 상태에서 몽롱한 의식 속에 빠져 있게 되는 것이다. 그림자처럼 어른거리는 이상한 형상들, 늙은 멋쟁이, 선실 안의 염소수염 등이 불분명한 동작을 하고 꿈속에서처럼 혼란스러운 말을 하면서 휴식을 취하고 있는 사람의 정신 속으로 침투해 들어가고 있었다. (440)

결국 주인공 아셴바하가 추구한 아름다움은 점차 왜곡된 현실, 왜곡된 아름다움이라는 결론에 이른다. 그를 매료시켰던 타치오의 아름다

■■ 황량한 가을 해변에 검은 천으로 덮여 있는 카메라는 예술의 순간성과 유한함, 더 나아가 죽음을 상징하는 동시에, 사라져가는 아름다움을 포착하려는 데카당스 미학을 드러내준다.

움에도 죽음을 피해갈 수 없는 병이 숨겨져 있었을 뿐 아니라, 결과적으로는 그를 몰락으로 이끈 원인이 되지 않았던가. 이처럼 소설이 보여주는 아름다움의 정체는 허구이자 유한한 것으로 해석된다. 이러한 인식은 마지막 죽음의 장면에서 생뚱맞게 등장하는 해변의 검은 카메라에 함축적으로 반영되어 있다. 생명 없이 박제된 아름다움을 담는 카메라는 예술, 특히 유미주의 예술의 모순과 이중성을 그대로 노출하는 것은 아닐까.

그러나 이 소설에서 유미주의적 예술의 본질이, 그리고 어쩌면 그 허위의식에 대한 토마스 만의 아이러니가 가장 극적으로 돋보이는 장면은 주인공이 화장化粧하는 모습이다. 죽음의 순간이 가까워올수록 아셴바하는 본능적으로 더더욱 아름다움에 집착하게 된다. 그러나 화장을 하면 할수록 그의 모습은 아름다워지지 않고 점점 더 그로테스크해질 뿐이다. 화장으로 젊음과 아름다움을 되찾으려는 그의 노력은 안쓰러운 착각에 불과하다. 화장으로 변해가는 그의 모습은 죽음의 사자 헤르메스를 암시하던 묘지의 낯선 늙은이, 곤돌라 사공, 가수의 모습과도 점점 비슷해지면서, 데카당스적 분위기를 점점 더 처절하게 노출한다. 이로써 화장은 본질이 아닌 가상에 불과하며 주검을 장식하는 수단으로 전락한다. 그리고 주인공의 죽음은 결과적으로 데카당스와 아울러 유미주의의 종말을 암시하는 장치가 된다.

어느 예술가의 은폐된 자기고백

이제 베니스의 죽음에 대한 '왜'와 '어떻게'의 문제가 어느 정도 해명되었다는 전제하에 잠시 비스콘티(1906-1976)의 영화를 언급해보려 한다. 그의 예술적 근간은 한마디로 마르크스주의적 세계관과 몰락한 귀족적 분위기에 대한 향수라는 두 축의 모순에 있다. 이러한 특징은 바로 토마스 만 문학에 내재한 시민성과 예술성의 모순을 연상시킨다. 그는 특히 후기로 가면서 '몰락'의 모티브를 통해 염세적인 분위기에 탐닉하는데, 「신들의 황혼」이나 「베니스에서의 죽음」은 이런 성향을 탁월하게 영상화한 수작으로 꼽힌다. 또한 그런 점에서 1971년 예순이 훨씬 넘은 나이로 감독한 「베니스에서의 죽음」은 가히 한 예술가의 은폐된 자기고백이라고 해도 과언이 아니다.

당연히 그리고 불가피하게, 영화는 원작 소설과 비교해볼 때 크고 작은 변주들을 보여준다. 우선 주인공 아센바하가 소설가가 아닌 음악가로 등장한다는 점이 특기할 만하다. 기품 있는 음악가 아센바하는 단순히 쾌락을 위한 음악이 아니라 시대정신을 반영하는 음악에 대한 고민에 빠져 있던 와중에, 자기 음악에 대한 대중의 몰이해에 지쳐버린다. 이미 알려져 있듯이 아센바하라는 형상에는 실존 음악가 구스타프 말러의 모습이 투사되어 있다. 실제로 말러를 둘러싼 일화들은 영화 속 인물을 그와 동일시하게 만드는 결정적 요인이 되어왔다. 딸을 잃은 아픔을 겪었다거나 음악의 향락적인 면을 정신적인 것으로 고양시키려 했던 사실, 4번 교향곡을 발표한 뒤 객석의 칭찬과 야유를 동시에 받았다는 에피소드 등은 두 인물을 엮어주는 설득력 있는 예가 될 것이다. 말러를 영상으로 추모하기라도 하듯 비스콘티는 그의 교향곡 5번 아다지오를 배경음악으로 삽입했다.

이 시점에서 제기되는 질문은 주인공이 소설가에서 음악가로 바뀐 이유에 관한 것이다. 혹시 영상 매체는 한 작가의 내면 세계의 깊이를 충분히 표현하기에 한계가 있기 때문은 아닐까? 엄밀히 말하자면 아셴바하의 죽음에 관한 이야기에는 극적 구성을 갖춘 줄거리가 없다. 음향은 짜임새가 결여된 줄거리를 대신하여 이미지를 보완하고, 언어와 사변을 대체할 수 있는 매체다. 그런 까닭에 음악가라는 설정은 일단 효과적이라 할 수 있다. 그뿐 아니라 음악에 내재한 '순간성' 역시 아름다움의 주된 속성인 유한성에 상응한다는 점도 설득력 있는 이유가 될 수 있다. 헤겔 역시 그 점을 간과하지 않았다. 음악은 모든 예술 중 가장 순간적인 예술이므로 가장 낭만적인, 따라서 가장 높은 차원의 예술이라는 것이다.

주인공의 설정 외에도 영화는 구성상의 변화도 보여준다. 우선 소설과 비교해볼 때 영화에는 많은 부분이 삭제되었다. 소설의 큰 부분을 차지하는 그리스 신화를 연상시키는 장면들, 주인공의 내적 성찰과 독백은 영화에서 자리를 잃었다.

반면 소설에 없는 내용이 첨가되는 경우도 왕왕 있는데, 대표적인 것이 친구의 등장이다. 소설에서는 아셴바하의 미학적 갈등과 사변이 독백의 형태로 언어화되는 반면, 영화에서는 친구와의 논쟁으로 구체화된다. 영화에서는 대화 상황이 대립 관계를 가시화하는 데 더 적합하다는 점을 십분 활용한 셈이다. 구성적인 면에서 긍정적으로 두드러지는 장면들은 또 있다. '현실'과 '상상 또는 회상'이 교차되면서 영화가 진행되고 있다는 점이 그것이다. 예를 들어 화면은 베니스에 도착하는 장면에서 과거 베니스에서 아팠던 기억으로, 그리고 피아노 치는 친구 옆에 앉아 담배를 피우며 중얼거리던 모습에서 다시 현실의 식사와 산책으로 이동한다. 이는, 토마스 만이 소설 미학적 의도 때문에 '포기'한 줄거리를 영상으로 충분히 재현하기 어려운 상황에서 비스콘티가 선택하고 탁월하게 성공시킨 우회적인 기법으로 보인다. 소설의 매체인 언어와 영상 매체의 특성 사이에서 발생하는 괴리를 해결해준 구성상의 묘미라는 말이다.

마지막으로 영화는 색채를 통한 '선택과 집중'의 원칙을 십분 활용하고 있다. 영화는 베니스의 화려한 아름다움보다는 음침한 분위기를 전달하는 데 주력하는 듯하다. 거의 흑백 영화처럼 컬러보다는 명암에 초점을 맞추는데, 이는 아름다운 외관 뒤에 숨겨진, 몰락으로 이끄는 마녀와도 같은 베니스를 아울러 표현해내려 했기 때문이리라.

이런 와중에 두드러지는 색채는 역시 붉은색이다. 붉은색은 때로는 불안정하고 불길한 색으로, 때로는 데카당스의 이미지로 화면을 채운다. 해질녘의 노을과 전염병이 도는 시내에서 먹는 딸기처럼, 퇴폐와 죽음의 이미지는 생기 없는 붉은색으로 표현된다. 물론 소설에서도 죽음의 사자를 상징하는 세 남자의 모습에서 붉은 수염과 머리카락이 강조되고 있다. 이 붉은색은 죽음에 더욱 가까워지는 후반으로 가면서 더욱 부각된다. 반면 마지막 장면인 노을지는 바다는 예외적으로 눈부시다. 아름다움과 삶을 맞바꾸는, 아름다움에 취해 죽음을 맞이하는 주인공의 심리 상태를 암시하는 대목이기 때문일 것이다.

*

이제 다시 본래 주제로 돌아와보자. 이 소설은 도취와 충동, 광기와 무의식의 세계인 디오니소스의 승리를 보여주는, 소위 세기말 데카당스의 문학적 증언이라 할 수 있다. 비너스와 관련하여 앞서 잠시 언급했던 바그너의 악극 「탄호이저」는 매우 교과서적인 메시지를 던져준다. 감각적 아름다움에의 도취는 예술가의 영감을 고취시키는 듯 보이지만 오히려 영혼을 피폐하게 하고, 궁극적으로 참다운 예술을 완성시키는 것은 경건하고 진실한 여인의 희생적 사랑이라는 것이다. 바로 이 지점에서 바그너는 니체의 무차별적 공격을 받고, '허무와 구원에 집착'하는 그의 오페라는 구원의 오페라라는 꼬리표를 달아야만 했다. 「바그너 대 니체」에서 피력한 니체의 관점은 매우 시사적이다. "관능과 순결에 어떤 필연적 대립 관계는 없다. (……) 그러나 실제로 이러한 대립이 존재하는 경우에도 다행히 이 대립은 더 이상 비극적 대립일 필요는 없는 것이다."

물론 지금까지 관찰한 결과를 고려해보면, 토마스 만은 최소한 베니스 소설의 맥락에서는 니체의 이런 유미주의적 견해에 동조하는 것 같지는 않으면서도, 더 이상 구원의 여인은 존재하지 않는다는 믿음에는 변함이 없다. 미적 열광의 형태로 체험된 소설가의 죽음이 만인의 공감을 불러일으키는 아름다운 죽음이 되는 것은 더더욱 아니다. 후속 장편 소설 『마의 산』에서도 이 견해는 유지된다. 소설의 끄트머리에서 비너스 산을 빠져나온 주인공 한스 역시 죽음에 노출되지만, 그것은 실천적 행위인 자발적 참전의 형태로 나타난다. 아셴바하의 유미주의적 결론을 벗어난 것이다.

『마의 산』에 대한 작가 자신의 진술은 말 그대로 「베니스에서의 죽음」에도 적용된다. "이 책은 죽음에 대한 소설로서, 의지를 약화시키고 사고에 해악을 끼치는 죽음의 영향을 묘사하며, 동시에 죽음의 유혹에 대한 위험과 마법을 경고한다"는 것이다.

독일 문학의 전통은 시인, 즉 넓은 의미에서의 예술가란 시대를 비판하면서 미래의 비전을 제시하는 사명을 부여받은 예언자이자 사제라고 이해해왔다. 같은 맥락에서 예술가의 심미적 몰락은 그가 속한 사회와 문명의 몰락의 징후로 간주될 수 있다. 이렇게 보면 「베니스에서의 죽음」을 한 작가의 복잡다단한 심리를 추적하는 기록으로만 해석할 수는 없다. 오히려 이 소설이 당시 지성인들의 염세주의적 역사관과 시대상을 묘사한다는 사실을 잊어서는 안 된다. 바로 그런 까닭에 이 소설을 작가 토마스 만이 자기 자신뿐 아니라 동시대의 작가와 예술가에게 던지는 일종의 경고성 질문으로 받아들여도 지나치지 않을 것이다. 아니면 그가 개개 작품을 넘어서서 가슴으로부터 독자에게 전하고 싶었던 휴머니즘적 메시지의 총체라고 하면 어떨까?

내 작품은 죽음과 결부되어 있고 죽음에 대해 알고 있지만, 삶에 호의를 가지려 합니다. 삶에 대해 우호적인 방식에는 두 가지가 있습니다. 죽음에 대해 전혀 알지 못한 채 다만 단순하고 소박한 것이 그 하나이고, 죽음에 대해 알고 있는 것이 다른 하나입니다. (……) 그것은 예술가나 시인, 작가가 갖는 삶에 대한 우호성입니다.

토마스 만, 『토니오 크뢰거 · 트리스탄 · 베니스에서의 죽음 – 토마스 만 단편선』(세계문학전집 8), 안삼환 외 옮김, 민음사, 1998.

:: 송경아의 소설 「책」

문학의 진실 게임

1990년대 언제쯤인가 송경아라는 아직은 낯설었던 작가와 그녀의 「책」을 접하게 된 것은 독자에게 어쩌면 하나의 작은 행운이었다. 스물다섯의 작가가 감내하기 어려울 수 있을 '왜 책을 쓰는가' 또는 '작가란 무엇인가'라는 버거운 질문을 그녀는 감히(!) 당당하게 제기하면서 등장했기 때문이다. 그리고 심지어 기존의 수많은 정의에 기대어 새로운 '해답'을 포기하는 것이 오히려 간단할 수도 있을 문제를 완전히 새로운 시각에서 들추어냈다. 그렇게 함으로써 문학에 대한 모더니즘적 시각을 수정하기를 시도하고, 또 그 시도를 설득력 있게 성공시키고 있다.

소설은 그간의 수많은 불륜 드라마에 익숙해진 최근 독자에게라면 더더욱 그저 그런 식상한 소재로부터 그다지 멀지 않은 지점에서 시작된다. '나'의 엄마는 모두에게 안전한 길에서 낯선 차에 치어 돌아가셨고, 졸지에 '나'는 모두가 안쓰럽게 바라보는 부모 없는 젊은 여자애가 되었다. 이렇게 평범하게 시작되는 소설은 독자로부터 별다른 기대를 모으지 못할 듯 보인다. 그런데 작가는 이 대중적 소재에 '책'이라는 또 하나의 소재를 잇대는 기지를 발휘하여 작품의 생기를 더해나간다. 다른 말로 하면, 우선 소설이 가진 최대의 매력은 이런 의외의 설정을 통해 작가가 독자에게 던지는 예리한 화두에 있다.

엄마의 사십구재 날 하릴없이 집 안을 청소하며 마지막으로 책장을 정리하던 '나'의 시선은 우연히 '김숙희'라는 제목이 새겨진 '엄마의 책'에 이른다. 더욱이 바로 그 책은 놀랍게도 엄마의 과거를, 그리고 나의 과거를, 즉 내가 아버지 아닌 다른 남자와의 관계에서 생겨난 아이일지도 모른다는 것을 알려준다. 이제까지 알고 있던 엄마와는 전혀 다른 엄마의 모습을 무방비 상태에서 마주친 '나'. 그녀는 엄마의 책을 통해 인생이 한 권의 책이라는 사실을 깨닫게 된다.

그러나 엄밀히 말하자면, 여기까지는 대략 어느 책에서든 일반적으로 예상할 수 있는 메시지와 크게 다르지 않다. 독자는 이미 문학이 현실을 반영한다는 전통적 시각을 익히 알고 있다. 그리고 '책이 곧 인생'이라는 이 책의 출발점 역시 지극히 상식적 차원에서 이해될 수 있다. 하지만 작가의 성찰은 이 통념으로부터 조금씩 벗어나기 시작한다.

> 나는 그 책을 발견했다. 그 책은 지금까지 내 방 어디에도 존재하지 않던 책이었다. (……) 그 책은 어머니였다. 어머니가 쓴 책이라거나, 어머니에 관한 책이라는 의미가 아니다. 죽음 후에 어떤 경로를 거쳤는지 알 수 없지만, 어머니는 한 권의 책으로 변해 내 방 책장 속에 들어와 있

었다. (16)

위 인용문은 책을 의인화하면서 책과 인생을 동일시하려는 작가의 의도를 은근히 내비친다. 엄마의 갑작스런 죽음 후에 등장하는 이 책은 엄마의 부재를 대신하여 엄마의 모습, 엄마가 하고자 하는 말을 대변해주는 역할을 하게 되지만, 곧 이해할 수 없는 방식으로 식상한 차원을 넘어서 '엄마 자체'가 된다. 이 과정에 대해서는 작가조차 설명하기를 포기하는데, 아마도 여기서는 주인공의 '인식'이 문제이지, 그것이 실제로 있을 법한 일인지 아닌지를 확인하는 것이 중요한 포인트는 아니라는 생각에서일 게다. 이 같은 작가의 생각은 이렇게 되풀이되어 표현된다.

> 책은 갈수록 점점 두꺼워졌다. 책장 안에 자리잡게 하기 위해서 처음엔 책을 한 권 꺼내야 했다. 두 권, 세 권 꺼내다가, 책장 절반을 자리잡을 정도로 그 책이 두꺼워지자, 나는 아예 책을 책상 위에 올려놓고 책장 속에 집어넣지 않았다. (18)

엄마와 책이 동일하다는 생각은, 엄마의 책이 이미 완결된 과거의 기록에 그치지 않는다는 데까지 이른다. 책이 과거의 시점에 고정된 물체가 아니라 계속 두꺼워지는, 즉 무언가 덧붙여지고 있는 현재진행형이라는 점도 '나'는 잊지 않고 알려준다.

하지만 뭐니뭐니해도 정작 이 책을 독창적으로 만들어주는 새로움은 작품의 후반부에서 발견된다. 송경아의 예리함은 문학과 '진실'의 문제가 충돌할 때 단연 빛난다. 물론 이 '문학의 진실 게임'에서 작가의 대답이 신선한 까닭은 그녀가 무모할 정도로 용감하기 때문이다. '삶의 진실은 존재하는가' 또는 '무엇이 한 개인의 삶을 구성하는 진정한 진실인가'라는 때로는 혼란스러울 수 있는 문제를 던지는 동시에, 엄연히 존재해온 이제까지의 주장들에 대해 의혹을 제기하며 지극히 도발적인 전복을 꾀하기 때문이다.

우선 그녀는 '한 인간이 이 세상에 존재할 때는—물론 그의 의도와는 상관없이—감추어져 있거나 왜곡되었던 진실이 그가 사라짐과 더불어 드러난다면, 과연 그것을 진정한 진실이라고 할 수 있는가'라고 진지하게 묻는다. 그가 없는 상황에서 밝혀진 진실은 더 이상 진실로서의 가치 내지 위상을 상실한다는 이유에서다. 그것은 더 이상 당사자 내지 그의 삶과는 아무런 관련이 없으며, 오히려 주변 인물에게 던져진 '부담스런 공'일 뿐이라는 것이다.

'가변적 진실'에 대한 인식을 작가는 주인공 '나'를 통해 이렇게 이끌어낸다. 생부를 찾아간 '나'는 우회적인 질문 끝에 그가 '혼돈스런' 진실보다는 행복한 가상 속에 살기를 원한다고 결론짓는다. 엄마의 진실, 그리고 전혀 의도하지 않았음에도 무방비 상태로 여기 연루된 '나'의 진실을 알아버린 충격, 그리고 이 '진실'로부터 거부당한 실망감 속에서 '나'는 결국 '진실'에 대한 거리를 확보하는 것만이 남아 있는 유일한 선택이라는 것을 깨닫는다. 이제 나는 아무 사전대책 없이 노출되어버린 엄마와는 달리 나의 진실이 '읽히는 것'을 거부하는 삶을 택한다.

"그러니까 …… 말하자면, 인생이 하나의 책이라는 걸 내 방에 나타난 그 책을 보고 내가 깨달은 거지. 그런데 문제는 난 너한테도, 다른 사람한테도 내가 읽히기를 원하지 않는다는 거야. 죽어서까지 살아서 기억된다는 건 너무 끔찍해." (32)

그리곤 이러한 진실에 대한 거부 반응에서, 아니면 반항심에서 '우산살'이었던 '그'에게 과감히 결별을 선언한다. 이제 '나'의 대책은 책을 쓰는 것으로 귀결된다. 이 지점은 '삶의 진실'에 관한 문제가 '문학이란 무엇인가'의 문제로 자연스레 확장되는 대목이다. 그러나 의아스럽게도 그녀가 쓸 책은 물론 '해독되기를 거부하는 코드, 읽히기를 거부하는 책', 소위 '진실'에 기반을 둔다는 문학에는 정면 배치되는 그런 책이다. '나'에 따르면, 모든 인간에게는 '잊혀질 권리', 즉 '일회성'의 권리가 있기 때문이다.

그런데 죽은 엄마의 경우는 그렇지가 않다. 엄마가 책으로 남아서 살아 있는 사람에게 계속 영향을 미치는 한, 죽음 후에 밝혀진 그녀의 진실이 존재하는 한, 엄마는 편안한 안식을 취할 수가 없다. 그 때문에 우선은 엄마에게 복사본을 만들어주는 것이야말로 책을 쓰는 나의 급선무다. 그래서 '나'는

나 자신의 책을 쓰는 것을 미뤄놓고 어머니에 대한 책부터 쓰려고 한다. 어머니에게 파본과 복사본을 만들어주는 것, 어머니가 편안히 자기 자신에 대한 망각에 떨어질 수 있도록 해주는 것이 먼저라고 생각되었

기 때문이다. (35)

이런 '나'의 선언을 통해 송경아는 문학의 영원한 '진실' 및 영원한 영향력을 지지하는 기존의 문학관에 정면으로 도전장을 던진다. '나'는 진실도 마땅히 소멸되고 왜곡될 수 있음을 이렇게 천명한 것이다.

> "책, 수많은 책들. 전부 내 삶에 관한 책들을 쓰는 거야. 위조본, 복사본, 파본, 앞의 반은 똑같고 뒤의 반이 틀린 두 개의 책, 같은 내용을 다루면서 문체가 다른 책들, 한 장이 틀린 책, 단어 하나가 틀린 책, 글자 하나가 틀린 책, 판본이 다른 책, 장정이 다른 책, 수많은 책을 쓸 거야. 그래서 어떤 게 진짜 나-책인지 어떤 게 가짜인지 구분하지 못하게 만들 거야." (34)

주인공은 소위 영원한 것을 변조하여 의미 없는 것으로 만들어버림으로써 '문학은 진실을 반영한다'는 전통적 문학관으로부터의 독립을 당차게 선언한다. '진실'에 상처 입은 그녀, 그래서 문학이란 진실의 관점과 마찬가지로 '왜곡'의 관점에서도 충분히 납득할 수 있다는 그녀의 자기방어적 변辯은 독자의 반항적 심리까지도 발동시키는 데 성공한다. 여기서 송경아와 그녀의 「책」이 문학을 둘러싸고 제기되는 논쟁에서 불러일으키는 새로움은 분명해진다.

이제 작가가 던지는 유효한 메시지는 크게 두 가지 질문으로 요약될 수 있다. 그 하나는 소위 '삶의 진실'의 실체에 관한 문제다. 엄마는 삶의 진실이 가시적 현실을 통해 드러나지 않는다는 것을 보여주었다. 엄마의 삶은 엄마 자신을 통해서가 아니라 엄마가 쓴 책에 나타나 있다는 말이다. 그리고 이렇게 사람들이 타인을 이해하지 못한 채 살아가듯이 어쩌면 자기 자신에 대해서도 그럴지 모른다는 가능성을 우리는 어쩔 수 없이 인정해야만 한다. '나'가 찾아낸 엄마의 삶이 낯설기만 하듯이, 진정한 삶은 낯설게 느껴질 뿐인 것이다. 진실이 그 진실의 실체가 사라진 후에야 비로소 드러날 수 있다면, 이렇게 제한된 진실의 가치는 어떻게 정의할 수 있는가? 이제 작가는 짐짓 냉소적인, 그럼에도 외면할 수 없는 질문을 던진다.

이 첫 번째 문제는 또 다른 문제에 맞닿아 있다. 삶의 진실성과 글을 쓰는 행위는 어떤 관계에 있는가? 송경아는 이 둘의 관계를 이율배반으로 결론짓는다. 영원성을 의도하는 글, 영원성에 대한 권리는 기록자의 죽음 내지 부재로 인해 일회성에의 권리 또는 사라질 권리로 탈바꿈될 수 있기 때문이다. 이 권리는 곧 자기의 완벽하지 않은 삶의 기록으로부터 자유로울 수 있는 권리이다.

이런 질문들과 더불어 '나'는 과거 엄마의 삶의 방식을 되풀이하고 싶지 않다는 의사를 분명히 한다. 오히려 영원히 존재할 수 없는 인간의 운명에 직면해서, 엄마의 죽음 이후의 결과를 뒤집는 도발적인 착상을 하게 된다. 그래서 나는 어떤 모습이 나의 진정한 모습인지 모르도록 수많은 책을 쓴다.

나는 글을 쓴다. 한 글자 한 글자, 어머니의 삶, 나의 삶을 변형한다.

> 영원의 기록에 대항해서 의미 없는 기록을 만들고 변조한다. 모든 순간이 영원에 대한 권리가 있듯이 모든 삶은 사라질 권리가 있다. 삶의 일회성을 위해서 지금 현재 내가 할 수 있는 일, 그것은 책을 쓰는 일이다. (35)

그럼에도 풀리지 않는 문제는 남아 있다. 일반적으로 책을 쓰는 행위 자체가 소멸이 아닌 보존을 위한 일, 삶의 영원성을 전제로 하는 일이 아니던가. 그렇다면 위조된 자아일지언정 그 자아가 또 다른 방식으로 영원의 기록으로 남는다면, 그건 그가 추구하던 삶의 일회성에 배치되는 일이 아닌가. 결국 '나' 또는 송경아가 원하는 것은 진정 소멸인가 아니면 불멸인가, 라는 질문을 독자에게 마지막으로 던지고 있다. 그러나 「책」은 지금까지의 분석처럼 일방통행적인 도발로만 치닫지 않는다. 여기에 이 소설의 또 다른 매력과 미덕이 있다.

> 책들의 키를 맞추고 내용별로 분류한다. 분류의 욕망은 참을 수 없는 것이다. 마음속의 모든 생각의 갈피를 잡아내고자 하는 욕망처럼 책은 차근차근 분류된다. (16)

엄마의 삶의 뒷모습을 말해주는 책을 통해서 '나'는 불완전하고 정돈되지 않은 자신의 모습을 발견하게 된다. 이러한 '분류의 욕망'은 또 다른 의지로 해석된다. 글을 쓰면서 아직 가시화되지 않은 삶의 뒷모습에까지도 시선을 주면서, 인생의 편린들을 들추어내고 확인하며 살아가겠다는 작가의 '모순적' 의지를 표출하는 것이다. 그런 의미에서 위조본은 아이러니하게도 진본에 대해 알고 있을 때, 말하자면 정직한 통찰과 갈피잡기를 통해서만 비로소 가능하다는 뜻이기도 하다.

이렇게 보면 「책」은 책을 쓰는 문제뿐 아니라, 독자와 작가와 작품의 '삼각관계'에 대해 성찰하는 계기를 동시에 마련해준다. 전체 소설은 '나'의 미세한 변화과정을 극적인 상황 없이 보여준다. 그녀는 비독자에서 독자로, 그리고 작가로의 변화과정을 담담히 거쳐간다. "젊은 애들은 다 그래." 그녀 역시 엄마의 책과 조우하기 전에는 '다 그런 젊은 애들' 중 하나였다. 보이는 현실로만 세상을 바라보고 판단하는 피상적인 보통 사람일 뿐이었다. 그러던 그녀가 변하게 된 사건은 엄마의 죽음이 아니라 엄마의 책의 발견이었다. 그녀는 책을 읽고서야 비로소 현상과 진실의 관계 또는 문학과 진실의 관계를 새로운 차원에서 관찰할 수 있는 성숙한 눈을 가지게 된 것이다. 아니면 최소한 그 관계가 교과서의 주장처럼 일치하지 않는다는 사실을 깨닫게 되었다. 이 인식은 그녀를 독자에서 작가로 바꾸어 놓기에 충분했다.

보다 정확히 말하자면, 그녀가 글을 쓰게 된 결정적인 계기는 책을 읽는 경험이 그녀에게 불러일으킨 자기 진실에 대한 두려움, 언젠가 밝혀질 진실에 대한 두려움이었다. 이제 그녀는 엄마와는 다른 방식으로 글쓰기를 시도할 수밖에 없다. 진실하고 유일한 삶을 알아볼 수 없는 방식으로, 그것을 부정하는 방식으로 말이다.

'알아볼 수 없게 부정하는 방식'이란 말을 조금 더 넓게 해석하면 '작가와 작품의 관계에는 일정한 거리가 존재한다'는 말로 통한다. 그리고 이 거리로 인해 당연히 독자와 작품의 관계에서도 그에 상응하는 거리가 생길 수밖에 없다. 그리고 이런 불일치는 독자가 작품에 몰입하는 것을 끊임없이 방해하는 수단이 된다. 더 나아가 작가뿐 아니라 독자로 하여금 '진실이란 무엇인가'라는 문제, 또는 진실의 한계에 대해 끊임없이 감시하고 비판적 의혹을 제기하도록 부추기는 역할을 자처하도록 한다. 하나의 절대적 진실이 아니라 진실의 여러 가능성을 모색하기 위해서다.

이 모든 의도의 이면에서 주인공의 서술 태도 역시 메시지에 상응하도록 작동한다. 「책」에는 화려한 수사修辭의 잔치도, 통렬한 깨달음에 대한 신파적 독백도 없다. 오히려 요즘 말로 별 개념 없는 그저 그런 여자아이의 빈약한 일기장 정도의 어휘로 이어진다. 하지만 한 가지는 끝까지 견지된다. 주인공은 시종일관 일정한 지점에 흔들림 없이 서서 마치 고정된 카메라 렌즈처럼 상황을 관찰하고 묘사하는 것이다. 영안실 표정이나 일상 풍경의 낯설음을 묘사할 때도 당사자 그녀의 개인적 감정은 어느 곳에도 없다. 미화하려는, 아니면 교훈적이고 싶은 태도는 더더욱 없다. 이렇게 문학에 대한 관점의 전복을 그녀는 '거리두기'를 통해 아주 '쿨하게' 성공시키고 있다. 과도한 감정이입을 최대한 피하면서 대상을 있는 그대로 묘사하는 '나'의 태도에서 독자는 한 사람의 성실한 작가의 태도와 만나게 된다고 하면 과장일까?

앞서 지적했던 것처럼 이 책은 외견상 아주 통속적인 소재를 다루고 있다. 엄마의 죽음으로 인해 밝혀진 과거, 아버지의 친구와의 불륜, 나의 출생의 비밀 등이 그것이다. 그럼에도 불구하고 이 소설이 전혀 통속적으로 느껴지지 않는 이유는 어쩌면 주인공, 엄밀히 말하자면 작가의 이런 서술 태도에 힘입은 바 크다. 그리고 평범하기 짝이 없는 외적 상황을 '책', '글쓰기'의 문제와 연관시켜, 외적 실존과 내적 실존이라는 두 가지 존재 방식을 깔끔하게 마름질해냈다는 점이야말로 송경아의 작가의식과 역량을 확인해주는 대목이다.

그리고 수많은 복사본을 만들어내려는 '나'의 의지를 통해 문학의 의미를 재발견해내는 수확도 거둬들인다. 혼란스럽고 불완전한 인생까지도 거부하지 않고 극복해나갈 수 있게 하는 수단으로서의 의미 말이다. 작가는 왜 '거짓'의 글을 쓰는가, 혹은 쓸 수밖에 없는가? 이 질문에 대해 송경아는 이런 답을 미리 준비해둔 것은 아닐까? 문학은 하나의 답을 제시하지 않는다. 깨달음으로 이끄는 생각의 보고寶庫이기 때문이다. 문학의 단초는 '사실' 즉 '진본'이 아닌, '사실성' 즉 '복사본' 또는 '위조본'에 근거한다. 말하자면 사실을 넘어선 것, 시각에 따라서는 사실에서 한 걸음 모자라거나 더 나아간 것이기에 오히려 혼란스런 삶의 모습에 대한 다양한 성찰을 가능하게 한다. 이런 불완전하고 복잡다단한 삶의 모습들까지도 수용할 수 있게 하는, 그래서 독자로 하여금 한 단계 성숙하게 하는 문학에 대한 모순적 신뢰가 송경아의 「책」에는 스며 있다.

송경아, 『책』, 민음사, 1996.

2

언어에 대한 성찰로서의 문학

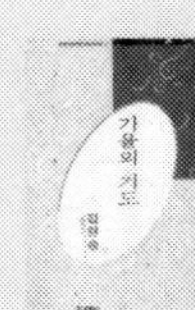

- 니힐리즘의 언어에서 창조의 언어로
- 완벽한 은유로 남은 한 편의 시
- 밤을 밝혀 쓴 가을의 편지
- 겸허한 모국어로 채워진 시간의 기도

:: 고트프리트 벤의 시 「한 단어」

니힐리즘의 언어에서 창조의 언어로

20세기 독일 시인 중 고트프리트 벤(1886-1956)만큼 대중적 성공과 인연이 없었던 이도 드물다. 물론 현대시 담론에서 그가 차지하는 비중과 영향력을 감안할 때 그렇다는 말이다. 그리고 그렇게 긴 시간에 걸쳐 비극적이라 할 수는 없어도 서글픈 긴장으로 일관한 삶도 흔치 않을 것이다. 그는 문학과 현실의 관계에 대해 브레히트와는 극단적으로 상이한 견해를 표방하면서 20세기 독일시 전통의 한 축을 담당했다. 이로써 그는 '참여냐 순수냐'라는 집요한 문학 논쟁의 중심에 자리하게 되었다. 잘 알려져 있듯이 동시대인 브레히트는 문학의 정치적 성찰과 인식의 중요성을 역설하면서 문학의 사회적 기능을 염두에 둔, 독자를 향한 시를 주장했다. 반면 벤은 '믿음이 없는 시', '희망이 없는 시', '아무에게도 향하지 않는 시'를 모토로 하는 독백적인 절대시를 제시한 것이다. 지적이고 내면적인 벤의 문학관은 이후 기나긴 동서 이념 대립의 세기를 지나오는 동안 그가 대중적 인기로부터 멀리 떨어진 우회로를 택할 수밖에 없도록 치명타를 날렸다. 브레히트가 문학의 '사회적 영향력'에 힘입어 세계적 명성을 얻게 된 것과는 정반대의 결과였다.

정치와 관련된 시련은 여기서 그치지 않는다. 그렇지 않아도 역사의 발전을 불신한다는 반역사적 태도 때문에 의혹의 시선을 받았던 그는 제2차 세계대전 이후 나치 동조 여부를 둘러싼 논란에 휩싸이는 곤혹을 치렀다. 결국 '자율적 미학'의 이름으로 '유보적 면죄부'를 받는 데 그치기는 했지만 말이다. 이렇게 보면 브레히트, 릴케, 토마스 만, 헤세와 같은 동시대 독일 작가들이 노벨상 등 굴지의 문학상을 수상하거나 여타의 경로를 통해서 세계적 명성과 관심을 얻는 것으로 시대의 고뇌를 상쇄하는 행운을 누렸다면, 카프카와 더불어 벤은 유독 고독하고 불운한 천재들의 시기였던 19세기적(!) 삶을 살았다 할 것이다. 물론 생전이든 사후든, 독일 문학계에서 그가 차지하는 '문학 내적' 비중은 견고하다. 그리고 그런 의미에서 이제 기꺼이 한 장章의 지면을 할애하여 그의 시에 귀 기울이고자 한다.

앞서 언급한 일련의 '성공한' 작가들이 글과 관련된 일 이외에 어떤 '시민적' 직업도 가지지 않고 시종일관 문학을 위한, 문학에 의한, 문학의 삶을 살았다면, 벤은 이와 관련해서도 독특한 이력을 보여주고 있다. 그는 평생 외과의사의 길을 가면서도 이 업에 버금가는 탁월한 시인이자 이론가였던 것이다. 초기 창작기인 1910년부터 마지막 시기인 1950년대 초반에 이르기까지 그는 창작과 병행하여 유럽 모더니즘 시문학에 대한 견해를 피력해왔다. 산문, 에세이, 강연, 편지 등 다양한 형식을 취한 이 기록들은 자기 문학의 뿌리 내지 전범典範에 대한 고백에 다름 아니다.

여기서 그는 독일 낭만주의 시학에서 출발하여 프랑스 상징주의, 초현실주의에 이르는 넓은 의미의 서구 모더니즘 시학 전통이야말로 자신의 언어관을 형성하는 데 결정적 역할을 했음을 직·간접적으로 시사하고 있다. 우선 모더니즘 시학의 진정한 새로움은 현실 모방을 모토로 하는 전통적 미메시스를 포기하는 대신 포이에시스의 미학을 창출하고 지지했다는 데 있다. 이 시학은 자율적 언어관에 근거하고 있다. 그때까지 언어의 기능이 단순히 표현 수단에 그쳤다면, 모더니즘 문학에서의 언어는 그 자체로 문학의 본질을 이룬다는 말이다.

벤 역시 언어의 문제에 천착했다는 점에서는 모더니즘 문학에서 크게 벗어나지 않는다. 그러나 그의 시어에 실린 실존적 무게만큼은 그를 다른 시인들로부터 확연히 구분해주는 요소라 할 것이다. 이 점은 외과의사의 관찰을 토대로 하여 현실을 가식 없이 언어화하는 초기 시에서 이미 확인되고 있다. 이 시들은 의학적, 사회적 쇼크의 체험을 반영하면서, 삶의 전통적 의미에 대한 회의를 가감 없이 드러내 보인다. 더 나아가 종교적 의미를 갖는 세계를 완전히 무너뜨리며 인간의 비참함을 냉엄하게 확인하기도 한다. 그런가 하면 창작 중반기인 1920년대에 접어들면서 그의 시는 언어를 통해 현실의 와해를 꾀한다. 극단적인 역사비판, 문화 및 문명 비판적 경향을 기저에 두고, 경험적 현실로부터 완전히 분리되는 성향을 보여주는 것이다.

그러나 이러한 변화의 큰 흐름을 파악하는 것도 중요하지만, 벤의 시

세계를 변함없이 관통하는 언어적 특징에도 한 번쯤 눈길을 줄 필요가 있다. 그는 자주 의학용어뿐 아니라 불손한 느낌을 불러일으키는 베를린 방언같이 다양한 언어층까지 동원하곤 한다. 지금까지 시에 적합하지 않다고 간주되어왔던 전문용어나 외래어, 부랑자의 언어 등을 통해 시어의 외연을 확장하려는 벤의 의도를 엿볼 수 있는 대목이다. 동시에 이 언어의 신천지는 아무런 비판적 성찰 없이 사용되는 전통적 서정시의 언어, 즉 닳고 낡아버린 기존 언어를 '파괴'하는 기능을 한다고 볼 수 있다.

전승된 시어에 대한 불신은 획기적 어휘를 찾아내려는 노력뿐 아니라 독특한 조어법에서도 확인된다. 종래 단어를 분해하여 이색적인 복합어로 새로이 조합함으로써 완전히 다른 형태와 의미를 부여하는 것이다. 이는 물론 그 목적에 있어 브레히트와는 완전히 차이를 두는 시어의 '우회적' 낯설게 하기Verfremdung 효과라고도 할 수 있다. 낯익은 현실의 파편들을 생소하게 부각시키려는 시인의 의도는 여기서 그치지 않는다. 그는 부사와 형용사를 철저히 제한적으로 사용할 뿐 아니라, 주어와 동사 중심의 문장을 무시한다. 특히 동사보다 명사를 훨씬 더 자주, 그리고 강조하여 사용하는데, 심지어 동사까지도 부정사나 동명사의 형태로 만들어 명사에 근접시키고 있다. 그 결과 어림잡아 보아도 명사 대비 동사가 4:1에 이르는 시들도 드물지 않다.

이렇게 보면 벤의 '낯설게 하기'란 시어의 자동적 연상과정을 와해시키려는 의도와 직결되어 있음을 알 수 있다. 언어를 수단으로 하여 어떤 대상을 이미지로 그려내기보다는, 근본적으로 언어 그 자체를 제시하는 것을 궁극적 목표로 한다는 말이다. 시인인 그에게 가장 중요한 이슈는 시어가 의미론적 수단으로 제한되지 않고 언어 자체로서의 가치를 회복하는 것이기 때문이다.

자연의 법칙을 모반하는 시어

벤의 시어가 지향하는 바를 '언어의 자율성'이라는 개념어로 요약할 때, 이 언어관을 압축적으로 표현하는 일련의 시가 있다. 1940년대 이후의 후기 시가 그것이다. 「한 단어Ein Wort」, 「단어들Worte」, 「문장 구조Satzbau」, 「시들Gedichte」, 「시Gedicht」 같은 제목만 보아도 시인 벤에게 언어 또는 문학이라는 모티브가 얼마나 중요한 무게를 지니는가를 쉽게 감지할 수 있다. 그중에서도 벤 시학의 모토가 아주 간결하고도 기교적으로 응축되어 있는 시가 바로 「한 단어」이다.

한 단어, 한 문장 – : 부호로부터 인식된
삶이 부상한다, 급작스런 의미.
태양은 정지하고, 우주는 침묵한다
그리고 모든 것이 그 단어를 향해 뭉쳐진다.

한 단어 –, 광휘, 비상, 불꽃,
불꽃의 투척, 성좌의 획 –
그리고 다시 어둠, 엄청나게,

세계와 나를 둘러싼 텅 빈 공간 속에.

Ein Wort, ein Satz – : aus Chiffern steigen
erkanntes Leben, jäher Sinn,
die Sonne steht, die Sphären schweigen
und alles ballt sich zu ihm hin.

Ein Wort – , ein Glanz, ein Flug, ein Feuer,
ein Flammenwurf, ein Sternenstrich –
und wieder Dunkel, ungeheuer,
im leeren Raum um Welt und ich. (304)

네 행짜리 연 두 개로 이루어진 이 간결한 시에서 인상적으로 다가오는 것은 '한 단어', '한 문장'처럼 일견 어색하게 나열되는 명사들이다. 시는 처음부터 낱말, 그중에서도 가장 압축적이라 할 수 있는 명사에 관심을 집중시키는 것이다. 앞서 개괄적으로 소개했듯이, 형용사와 부사 등 수식어는 가급적 퇴화시키고 동사보다 명사를 선호하는 벤의 언어적 특징이 이 시에서 그대로 드러나고 있다. 시 원문의 첫째 연에서 동사는 모두 네 번 사용되는 데 반해, 둘째 연에서는 단 한 번도 나오지 않는다('둘러싼'은 본래 독일어에서는 전치사이지만, 우리 말로 번역할 때는 어쩔 수 없이 동사로 표현될 수밖에 없었다). 이러한 부자연스러움은 시인의 극단적 선택이 반영된 것으로밖에는 볼 수 없다.

이에 더하여 독자를 여지없이 당황하게 만드는 것은 또 있다. 단어, 문장, 부호, 삶, 의미, 태양, 우주, 광휘, 비상, 불꽃(의) 투척, 성좌(의) 획 등 연이어 포개지는 명사들의 상이한 이미지를 한데 엮어주는 이음새가, 말하자면 공통분모인 어떤 '하나'의 개념이 얼른 떠오르지 않는다는 것이다. 그중 일부는 서로 어찌어찌 연결이 된다 하더라도, '한 단어'라는 제목과의 연관성을 전혀 연상할 수 없게 만드는 단어들 앞에서는 말을 잊는다. 어쨌든 지금까지 확실하게 전달된 메시지는 이 시가 단어, 즉 언어와 관련되어 있다는 사실이다. 단지 언어의 문제를 시의 중심에 놓으면서도, '언어Sprache'가 아닌 '단어Wort', 그것도 '한 단어'를 주제이자 모티브로 설정하는 것이 특이하다. 더 나아가 시인은 언어라는 개념을 최소 단위인 '부호Chiffer'에 이르기까지 분해해버리는 것이다. 그는 왜 언어 대신 문장과 단어, 부호를 다시 끄집어냈을까? 이에 대해서는 다양한 가정이 가능하다. 그는 어쩌면 언어라는 거창한 대상에 주목하기보다 오히려 미세 단위의 중요성을 다시 한번 일깨우려 했을지 모른다. 아니면 '언어'라는 단어 사용을 자제함으로써 '언어'의 과잉을 배제하려 했을까? 물론 이 대목에서는 시인이자 외과의사가 추구하는 해부학적 정밀성을 떠올려볼 수도 있을 것이다.

처음 두 명사 '단어'와 '문장'에 이어지는 첫 문장의 메시지는 '부호로부터 인식된 삶이 부상한다'는 것이다. 부호, 즉 개개의 알파벳은 그 자체로는 아무런 의미 전달 기능이 없다. 그러나 아직 언어가 되지 않은, 미완성의 언어인 이 부호가 중요해지는 건 '인식'의 문제와 연관되면서부터다. 삼라만상의 무한한 공허 속에서 순간적으로 삶을 인식시키고, 또 그 삶에 의미를 담아내는 것이 '언어'의 본분이라면, 부호는 이 언어의 최초이자 최소한의 본질적 요소이다. 그리고 이로써 부호 역시 인식의 주체로서 존재로 향하는 열쇠가 되면서 절대적 위상을 부여받게 된다. 이 대목에서 다시 환기시켜볼 점은 벤이 이미 일상적 의미의 언어 개념을 폐기 처분하고 '개개의 단어', '고립된 낱말'을 서정시의 근본 구성 요소로 지칭한다는 사실이다.

3행과 4행은 단어의 위상을 더 과격하게 격상시킨다. 여기서 시인은 우주의 중심이 태양이라는 기정사실을 뒤집는 모반을 감행하면서까지 단어의 의미를 확장시킨다. 태양을 중심으로 엄청난 굉음을 내며 움직이던 태양계, 즉 삼라만상이 멈추어 서서 침묵하는 대신, 그 모든 힘의 중심은 이제 '한 단어'로 집중된다. '단어'에 존재론적 의미가 부여되면서, 자연과학과 형이상학의 충돌이 이루어지는 순간이다.

이러한 전대미문의 도치倒置는 도대체 어떻게 벤에게 가능했을까? 언어에 대한 원초적 기억들을 거슬러 올라가다 보면 우리는 구약성서 창세기 1장의 선언과 만나게 된다. "태초에 하나님이 천지를 창조하시니라. 땅이 혼돈하고 공허하며 흑암이 깊음 위에 있고 하나님의 신은 수면에 운행하시니라. 하나님이 가라사대 빛이 있으라 하시니 빛이 있었고……" 이 구절은 야웨의 천지 창조를 선포하고 있다. 그런데 흥미로운 건 세계의 창조가 야웨의 어떤 다른 행위가 아닌 '말씀'(!)으로만 이루어졌다는 것이다. 이로써 야웨와 말씀이 동일시되면서, 말씀의 창조적 의미는 극대화된다. 이 '동일화'의 장면은 신약성서 요한복음 초두에 보다 명확한 표현으로 다시 등장한다.

태초에 말씀이 계시니라. 이 말씀이 하나님과 함께 계셨으니 이 말씀은 곧 하나님이시니라. 그가 태초에 하나님과 함께 계셨고 만물이 그로 말미암아 지은 바 되었으니 지은 것이 하나도 그가 없이는 된 것이 없느니라.

인용된 성서의 진술들은 시 「한 단어」를 해석하는 데 있어서 매우 중요한 단서이다. 신학적 해석이 아님을 전제하고 말하자면, '태양이 정지하고 우주는 침묵하며 모든 것이 단어를 향해 뭉쳐지는' 그 상황이란 바로 '말씀'을 통한 창조의 기적과 집중력을 은유하는 대목에 다름 아니다. 기독교 신앙 고백의 시작인, 말씀으로 이루어진 삼라만상의 창조과정은 이제 벤에게 '한 단어'가 유기적 우주를 넘어설 만큼의 거대한 힘을 가지고 있다는 '문학적' 신앙의 근거로 이행된다. 여러 대에 걸친 금욕적 성직자 가정에서 태어났음에도 불구하고 그는 기독교 신앙을 그리도 경원했다. 그러나 가시적 세계의 창조에 대한 신앙은 이처럼 문학 속에 관념화되어 나타난 것이다. 벤이 이 대목에서 역설하는 믿음은 현상의 세계가 이미 주어진 기존 맥락에서는 더 이상 존재하지 않으며, 언어에 의한 새로운 창조과정을 통해서만 완성될 수 있다는 인식이다.

이 신념은 벤에게 새로운 시학의 틀을 완성시켜준다. 만물을 자기에게로 집중시키는 단어, 그리고 그 단어로 이루어진 시의 세계는 그 자체로 자율적인 세계로서, 타자가 아닌 자기 자신의 법칙성에 따라 움직이는 것으로 복권된다. 이렇게 해서 언어는 존재의 수단이 아니라 존재의 근거가 된다는 것으로 1연은 마무리된다.

빛과 어둠의 창조적 변증법

시의 제목 '한 단어'를 다시 한번 강조하기라도 하듯, 2연에서도 명사로 된 단어들—한 단어, 광휘, 비상, 불꽃—은 계속 나열된다. 그러나 '단어'와 '문장', '부호' 사이에 성립되는 1연의 논리적 체계는 2연의 명사들에서는 얼른 찾아보기 어렵다. '광휘 → 비상 → 불꽃'이라는 일련의 이미지는 나름대로 하나의 연결고리로 묶어볼 만한데, 이들을 어떻게 첫 명사인 '단어'와 이어볼 수 있을까? 그리고 시의 끝부분에 등장하는 '어둠'은 또 무엇이란 말인가?

이 까다로운 대목에서 우리는 다시 성서의 도움을 받지 않을 수 없다. 앞서 인용했던 요한복음의 한 구절 "태초에 말씀이 계시니라"의 주어인 '말씀'은 그리스어로 로고스λογος이다. 이 로고스는 다의적 명사로 '빛' 또는 '이성'으로도 해석된다. 이를 고려하면, 일견 생소하게 느껴지는 '언어'와 '빛'이라는 개별 이미지들이 어떻게 한 시행 속에 오버랩될 수 있는지가 무리 없이 설명된다.

'말씀'과 '빛' 등 창조와 관련된 일련의 개념들에 이어지는 또 하나의 이미지는 '불'이다. 흥미로운 것은 불 역시 창조의 모멘트를 연상시킨다는 점이다. 신화 속 프로메테우스가 불을 훔쳐 인간에게 창조적 삶을 열어줌으로써 예술가의 전형으로 승격되는 동시에 괴테와 니체를 비롯한 많은 작가에게 영감의 원천으로 형상화되었다는 점을 상기한다면 말이다. 이렇게 해서 '말씀–빛–불'의 이미지가 연결되면서 2연의 첫 두 행은 무난히 해결되는 것처럼 보인다.

그러나 시는 다시 한번 독자를 당황시킨다. 바로 어둠의 영상 때문이다. 2연을 찬란한 창조의 불꽃으로 밝힌 시인은 별똥별의 여운 속에 재차 어둠의 전율을 체험하기에 이른다. "그리고 다시 어둠, 엄청나게, / 세계와 나를 둘러싼 텅 빈 공간 속에." 야웨의 천지 창조에 버금가는 언어의 힘을 체험했던 시인은 어찌된 영문인지 다시 어둠의 나락으로 빠져든다. 바로 이 대목에 벤이 시사하는 시인의 창조 행위의 한계가 숨어 있다.

어둠은 창조의 사건에서 어떤 의미를 지닐까? '빛이 있으라'라는 야웨의 첫 말씀이 있기 전, 구약성서가 전하는 태초의 세계는 어둠, 즉 카오스의 세계—"땅이 혼돈하고 공허하며 흑암이 깊음 위에 있고"—였다. 그러나 이 어둠은 창조 이전부터 존재하던 원초적 세계이자 창조를 위한 준비의 공간이다. 후에 신약의 요한복음에서 흔히 악의 세계로 비유되는 어둠의 부정적 이미지와는 물론 다르다. 그리고 이런 배경에서 벤에게 어둠은 일회적인 것이 아니라 반복적 현상이라는 인식이 눈길을 끈다. "그리고 다시 어둠."

말하자면 어둠은 절망으로 통하는 궁극적 좌절이 아니라, 역설적이게도 새로운 시작과 맞닿아 있다. 오히려 존재의 새로운 창조, 반복적인 창조를 가능하게 하는 긍정적 공간으로 작용하는 것이다. '다시'라는 단어가 강조하듯이, 시인의 창조는 조물주의 창조처럼 단 한 번으로 완결된 완전한 사건이 아니다. 이 창조는 완성을 향해가는 창조의 '연습'이자 끝없는 미완의 과정이라는 벤의 견해가 돋보인다.

이처럼 언어적 창작 행위가 종교적 의미로까지 승화되는 흔적은 벤의 다른 시에서도 어렵지 않게 찾아볼 수 있다. 비슷한 시기의 「시Gedichte」 마지막 연은 언어를 통해 현실을 창조해나가는 과정을 조물주의 창조에 비유한다. 더욱이 창조의 주체라는 관점에서 조물주와 비견되면서도 결코 그에 버금갈 수 없는 시인의 한계를 드러내준다는 점에서 앞서의 시 「한 단어」와 매우 유사하다.

하여 밤이나 낮이나 그대는 계속 일하고 있으니,
일요일에도 그대는 끌질하며
홈에 은을 두드려 새겨넣은 후에야
손을 떼니— 그것이 존재로구나.

여섯 날에 걸친 천지 창조 후 마지막 일곱째 날에 안식하신 야웨와 달리 시인은 일요일에도 끌질을 해야 하는 불완전한 존재다. 하지만 그러한 고된 작업의 결과는 '존재Sein'로 농축된다. 그리고 이 '존재'라는 개념이야말로 시어로 창조된 현실 그 자체로 확인된다. 이는 시인 벤에게 현실이란 가시적 현실이 아닌, 언어로 이루어진 '시적 존재'만을 의미함을 재차 역설한다.

이처럼 벤이 바라본 시인의 창작 행위는 기독교적, 신비주의적 체험에 의거하고 있다. 현실과의 관계를 상실하면서 비롯된 벤의 니힐리즘은 바로 이런 '종교적' 역발상에 의해 언어의 창조적 능력을 새로이 덧입게 된다. 이런 의미에서 위의 시들은 벤이 허무주의에서 출발하여 언어를 통해 니힐리즘을 극복하는 여정을 구체적으로 보여주는 시학적 시의 정점이라고 해도 지나치지 않다.

다시 본래의 주제인 시 「한 단어」로 돌아와 마지막 시행 "세계와 나를 둘러싼 텅 빈 공간im leeren Raum um Welt und Ich"에 주목해보자. 여기엔 세 명사 '공간'과 '세계' 그리고 '나'가 있다. 그중에서도 가장 비중 있는 단어는 전체 시의 메시지가 귀결되는 마지막 단어 '나'다. 마지막 자리에서 집중 조명을 받는 '나'는, 창조의 공간인 '텅 빈 공간'에 마지막까지 남아 있는 자아를 의미함으로써 시인의 실존과 동일시된다.

현실과 시작詩作의 관계를 예시하는 또 다른 시 「오직 두 가지Nur zwei Dinge」는 '텅 빈 공간'과 '나'의 모티브를 중첩시켜 사용하면서, 앞서의 해석을 돕는다.

> 장미든, 눈이든, 바다이든,
> 만개했던 것은 모두 사라져갔다,
> 남아 있는 것은 오직 두 가지: 공허
> 그리고 규정된 나 자신.

'장미', '눈', '바다'는 변형 가능한 이미지로서 현실의 덧없는 생성과 소멸을 상징한다. 여기 이어지는 것은 '현실이 사라질 때 과연 시는 무엇으로 남는가'라는 문학의 존재론적 화두이다. 결국 유한한 외적 현실을 완전히 거부한 시인에게 남아 있는 현실적 존재는 '오직 두 가지', 즉 창조 이전의 공간인 동시에 창조를 위한 공간인 '공허'와 창조의 주체인 '나'뿐이라는 독백으로 시는 끝을 맺는다. 요컨대, 이 시는 언어가 현실을 창조하는 자율적 기능을 갖는다는 메시지를 아직 분명하고 강하게 피력하고 있지는 않지만, 모든 존재의 무게가 가시적 현실에서 시적 자아로 점차 옮겨가는 과정을 고스란히 담고 있다. 이 지점에서 우연으로 지나쳐버릴 수 없는 사실 하나가 있다. 말미를 장식한 두 열쇠어 '공허'와 '나'가 시 「한 단어」의 마지막 행 "세계와 나를 둘러싼 텅 빈 공간"에서 똑같은 순서로 되풀이되고 있다는 것이다.

이제 시 「한 단어」를 통해 독자에게 전달되는 벤 시학을 이렇게 요약해볼 수 있지 않을까? 1연에서 언어는 세계를 설명하는 수단의 기능을 넘어선다. 그리고 삼라만상을 자기에게로 집중시킴으로써 유일하고 원초적인 세계, 즉 현실 자체가 된다. 그러나 2연은 전권全權을 가진 언어에 '그럼에도 불구하고' 존재하는 한계를 제시한다. 이 한 가지 유보는 창조적 정신의 빛인 로고스, 말하자면 언어에 대한 시인의 열광의 이면에는 여전히 충족되지 못한 어둠과 심연이 동시에 존재한다는 인식이다. 이렇게 해서 시는 창조적 시어의 절대적 힘과 의문성을 동시에 역설하고 있다. 그러나 야웨의 천지 창조 이전의 어둠은 부정적인 의미가 아닌 가치중립적 어둠이다. 그렇기에 이 시에서 되풀이되는 어둠 역시 '단어'를 통한 창조과정의 연속에 불과할 따름이다.

모더니즘, 그리고 포이에시스의 언어

지금까지 살펴보았듯이 시인 벤은 언어를 수단으로 현실을 재현하기를 포기하고 그 현실의 자리에 언어 자체를 구현하는 '신비주의적' 언어관을 단 여덟 행으로 시「한 단어」에 구현했다. 그렇다면 '단어' 또는 '언어'에 대한 벤의 이런 '과도한' 집착은 어디서 연유하는 것일까? 이 물음을 염두에 두고, 앞서 잠시 언급했던 모더니즘 문학의 언어관과 벤의 연관 관계를 다시 한번 환기시키는 것도 의미 있는 작업이리라.

서구 모더니즘 문학은 문학의 비현실성을 모토로 하면서, 과거 현실 모사의 전통을 언어의 마법으로 대체시킨다. 언어는 존재, 즉 본질에 이르게 하는 통로로서 보다 높은 차원의 새로운 현실을 이뤄낸다는 이유에서다. 여기서 비롯되는 언어 시학은 보들레르, 베를렌, 랭보, 발레리, 아폴리네르 같은 일련의 프랑스 상징주의자들을 거쳐 초현실주의에 이르는 모더니즘 시학의 지배적 원칙으로 자리잡는다. 문학은 '언어의 작업장'이라는 베를렌의 정의는 언어가 문학의 유일한 출발점이자 대상임을 웅변해준다. 반면 사르트르는 이런 모더니스트들에게 말을 파괴하는 '소비 문학'의 원죄를 돌리는 등, 날 선 독설을 서슴없이 퍼부었지만 말이다.

이런 맥락에서 벤이 '시는 감정에서가 아니라 단어들로부터 생겨난다'라는 말라르메의 강령에 동의하면서 이 문장을「서정시의 제 문제」에서 인용한 사실은 시사하는 바가 크다. 그러나 그는 말라르메를 이렇게 수정한다. "시가 생성된다는 것은 도대체가 아주 드문 일이다—시는 만들어지는 것이다."

이렇게 중요한 비중을 차지하는 프랑스 상징주의 언어관을 벤에게 매개해준 장본인은 슈테판 게오르게나 후고 폰 호프만스탈과 같은 독일어권 시인들이었다. 이들 역시 벤의 문학관에 결정적 원동력이 되었고, 특히 소위 '찬도스 위기'라고 불리는 호프만스탈의 언어 위기의식의 의미는 아무리 강조해도 지나치지 않다. 가상의 편지인 「찬도스 경의 편지」(1902)는 이후 독일어권 작가들의 언어관뿐 아니라 같은 세기 전반부에 태동한 언어철학 내지 분석철학의 향방에 적지 않은 영향을 미쳤다. 「찬도스 경의 편지」는 언어를 통해 현실을 더 이상 묘사할 수 없다는 절망감, 더 나아가 언어의 자율성에 대한 시인의 절망을 주제로 하고 있다.

그러나 역으로 이러한 위기의식의 이면에는 카오스적 현실 경험이 전제되어 있다. 주체가 체험하는 현실이 너무 복잡하고 이질적이며 혼란스럽기 때문에, 전통적 언어는 인간의 경험이나 의식, 꿈 등을 표현하기에 더 이상 적합하지 않다는 인식이 자리잡고 있는 것이다. 언어는 세계의 통일성을 전제로 하는데, 이 통일성은 세계 질서의 지속적인 와해로 말미암아 더 이상 가능하지 않게 되었기 때문에, 이제 현실의 붕괴와 더불어 언어 역시 거부될 수밖에 없다는 말이다.

찬도스의 언어 위기의식이 호프만스탈의 현실 경험을 반영하는 것이라면, 이 위기는 거꾸로 문학의 '이상'에 대한 그의 인식을 새롭게 하는 계기라 해도 무방하다. 그가 지적했던 위기는 현실을 담지 못하는 언어에 대한 비판이며, 오히려 그러한 위기의 이면에는 포에지Poesie, 즉 시문학에 대한 흔들리지 않는 옹호가 존재한다. 즉 현상을 반영하는 수단이 아닌 언어의 자체 목적 내지 자율성이 언어 위기를 극복하는 적극적인 대안으로 제시되는데, 이런 호프만스탈의 자율성의 시학은 벤의 시학과 맥을 같이하고 있다. 이는 벤이 '언어Sprache'라는 통상적 표현을

이지적이고 단호해 보이는 외과의사의 이미지와는 달리 시인 벤은 평소 소극적인 성격에 그리 행복하지 않은 삶을 살았다. 게다가 시인으로 얻은 명성은 그가 세상을 떠난 후 과거 나치 동조 문제를 둘러싸고 불거진 논란 때문에 다소 상처를 입기도 했다.

가급적 피하고 '단어Wort'를 수미일관하게 사용하는 이유를 설득력 있게 해명해준다.

니힐리즘의 창조적 전복

벤의 언어 미학이 유럽의 모더니즘 문학 전통에서 출발한다는 전제가 성립된다면, 그리고 그의 언어 회의에 대해 논의하는 맥락에서는 니체의 니힐리즘적 세계관을 언급하지 않을 수 없다. 이미 니체 이전에도 니힐리즘은 19세기의 모든 정신사적 결과를 특징짓는 개념으로 자리잡고 있었다. 니힐리즘은 창조주의 죽음을 선언하는 데서 출발한다. 장 파울이 19세기 초반 신의 죽음을 '확인'하고, 헤겔 역시 『정신현상학』(1807)에서 신의 죽음을 단언한 이래, 신이 없는 서구 역사의 무가치성은 이후 수많은 예술가들의 화두가 되면서 니힐리즘적 예술관을 태동시킨다. 하지만 니체만큼 여기 깊이 몰두한 철학자나 작가는 없으며, '신은 죽었다'라는 그의 공표는 이런 19세기적 관점을 마무리하는 선언이라고 볼 수 있을 것이다. 그러나 니체가 남긴 진정한 예술적 의미는 이러한 니힐리즘으로부터 절대적 예술의 가능성을 새로이 모색해냈다는 데 있다. 비록 '이론'에 머물렀을 뿐이지만 말이다.

언어 비판적, 니힐리즘적 관점을 중심에 놓고 보면, 언어 미학에서 출발하여 예술적 결론에 이르기까지 벤에게 가장 광범위한 영향을 끼친 이는 니체라고 해도 과언이 아니다. 니체와 마찬가지로 벤의 역사적, 문화비판적 관점은 서구 문화의 무가치성에서 출발한다. 물질 문명에 의해 조종되면서 서구 문화는 모든 이상주의와 초월성으로부터 거부되었다는 인식, 역사는 파산하여 정신적 본질이나 권위를 상실한 채 표류하고 있다는 인식이 바로 그것이다. 결국 그러한 상실을 만회하고 구원할 수 있는 것은 오로지 예술뿐이라는, 어떻게 보면 모순적인 인식에서도 벤은 니체에 맞닿아 있다.

『비극의 탄생』에서 이미 니체가 삶, 즉 세계는 예술로서만 존재한다고 피력한 이래, 기존의 가치 체계가 붕괴된 상황에서 예술지상주의의 깃발을 내건 많은 예술가들에게 예술은 마지막 형이상학적 권위가 된다. 니체가 벤에게 끼친 엄청난 영향의 근거도 허무주의를 미학적으로 극복한다는 이슈에 있었다. 니체의 극단적 예술관인 '미학적 비이성주의'는 특히 벤의 후기 시학적 시에 절대적인 영향을 행사한 것으로 보인다. 니체에게서 예술이 유일한 현실이 되고, 이렇게 해서 무가치한 현실이 니힐리즘의 예술로 극복이 되었다면, 벤의 경우 '단어', 그리고 단어에서 파생한 시를 통해 그의 니힐리즘의 언어도 창조적 언어로 재탄생하게 되는 것이다.

벤의 후기 시의 중심 테마는 언어의 존재론적 의미에 대한 고백이라고 해도 과언이 아니다. 예컨대 이 글의 주제인 시 「한 단어」에 따르면, 인간, 즉 세계는 '단어'에 의한 미학적 창조이며 현실일 뿐이다. 니체의 용어를 빌려 표현해보면, 단어를 통해 창출된 현실은 디오니소스적 삶, 말하자면 존재의 세계로서, 가시적 현실 세계를 능가하는 선험적 현실이다. 이렇게 해서 벤의 초기와 중기의 니힐리즘은 후기에 이르러 새로운 현실을 창출하는 역설적 언어관을 통해 잠정적 균형을 유지하게 된다.

이처럼 벤 시학의 토대가 되는 언어관은 19세기에서 20세기 초에 이르는 시기의 유럽 언어 시학에 내재한 문제의식의 총합이라고 해야 옳을 것 같다. 프랑스 상징주의의 언어 연금술과 호프만스탈의 언어 위기의식을 축으로 하여 니체적 예술지상주의로 귀결되고 있다. 다시 말해 벤의 니힐리즘은, 여기서는 '단어지상주의'로 개명할 수 있을 예술지상주의의 형태로 미학적으로 극복되고 있는 것이다. 그러나 벤은 호프만스탈과 니체의 질문을 더욱 첨예화한다. 호프만스탈의 언어와 시가 전통적 구조에 머무른 반면, 벤은 보다 극단적인 언어와 형식적 기예를 선택한다. 그리고 니체의 경우 언어의 허구적 특성을 전제로 하는 반면, 벤은 언어의 고유한 현실을 자신의 시로 구체화시키는 시학적 결과를 도출해냈다. 그는 전통시의 현실 개념을 새로운 어휘나 절대시 등 고유한 언어 형식 등을 통해 와해하는 동시에 재정립한 것이다.

이제 마지막 질문을 이렇게 던져본다. 벤이 주창했던 '누구에게도 향하지 않은 시', 이른바 독백적 시는 독백으로만 끝나는가, 아니면 '병에 담긴 편지Flaschenpost'—'시는 익명의 누군가를 향하고 있되, 그에게 도달한다는 보장이 없는 하나의 가능성으로만 존재한다'는 파울 첼란의 용어를 빌면—와도 같이 현실과의 새로운 화해의 가능성을 보여주는가? 이 질문에 대한 답은 우회적으로만 가능하다.

미학적 비이성주의라는 강령을 내걸고 카오스를 극복하는 창조적 언어의 윤리성을 창출하려 했던 벤의 의도가 얼마만큼 성공적이었는가는 차치하고라도, 그는 후기 시학적 시를 통해 현실과 언어의 기존 관계를 전도하고자 했다. 그의 시에서는 언어가 현실을 위해 존재하지 않는다. 오히려 언어 자체가 현실이 된다. 이것은 세계가 미적 현상으로서만 존재한다는 니체의 예술관의 변주로서, 당시 경험적 현실을 바라보는 무기력한 예술에 대한 일종의 면죄부로 이해되어야 하지 않을까? 그리고 그 자체로 현실과 문학의 화해의 시도라고 할 수 있지 않을까?

결론적으로 말하자면 벤의 후기 시에 대한 한 비평가의 예리한 지적은 상당히 타당하다. "그의 시학은 한 보수적 정신을 가진 사람의 미학적 혁명의 몸짓이자, 나르시스의 파괴적 체험들에 대한 프로메테우스의 건설적 답변이고, 그의 퇴행적 성향에 대한 진취적 반작용"이라는 것이다. 그러나 벤의 시학이 그러한 이율배반에 기초하고 있다 하더라도, 그가 철저한 시학적 자기성찰을 통해 서정시의 가능성을 시험해왔다는 점에서 그의 문학적 업적은 아무리 강조해도 지나치지 않다. 그리고 벤이 당시 문학과 현실의 모놀로그적 상황을 진단하고 거기 상응하는 시어의 형태를 창조했다면, 그의 시문학은 언어 기능의 급격한 퇴락을 체험하게 하는 오늘날 시어가 가져야 할 창조적 기능을 다시 한번 성찰하게 한다는 점에서 아직도 유효하다.

Gottfried Benn, *Gesammelte Werke in 4 Bänden, Bd. 4: Gedichte*, Hrsg. von B. Hillebrand, Frankfurt/M. 1982.

:: 영화 「일 포스티노」

완벽한 은유로 남은 한 편의 시

시

그러니까 그 나이였어…… 시가
나를 찾아왔어. 몰라, 그게 어디서 왔는지,
모르겠어, 겨울에서인지 강에서인지.
언제 어떻게 왔는지 모르겠어,
아냐, 그건 목소리가 아니었고, 말도
아니었으며, 침묵도 아니었어,
하여간 어떤 길거리에서 나를 부르더군,
밤의 가지에서,
갑자기 다른 것들로부터,
격렬한 불 속에서 불렀어,

또는 혼자 돌아오는데 말야
그렇게 얼굴 없이 있는 나를
그건 건드리더군.

나는 뭐라고 해야 할지 몰랐어, 내 입은
이름들을 도무지
대지 못했고,
눈은 멀었으며,
내 영혼 속에서 뭔가 시작되어 있었어,
열熱이나 잃어버린 날개,
또는 내 나름대로 해보았어,
그 불을
해독하며,
나는 어렴풋한 첫 줄을 썼어
어렴풋한, 뭔지 모를, 순전한
넌센스,
아무것도 모르는 어떤 사람의
순수한 지혜,
그리고 문득 나는 보았어
풀리고
열린
하늘을,

유성遊星들을,

고동치는 논밭

구멍 뚫린 그림자,

화살과 불과 꽃들로

들쑤셔진 그림자,

휘감아도는 밤, 우주를

그리고 나, 이 미소微小한 존재는

그 큰 별들 총총한

허공虛空에 취해,

신비의

모습에 취해,

나 자신이 그 심연의

일부임을 느꼈고,

별들과 더불어 굴렀으며,

내 심장은 바람에 풀렸어.

―파블로 네루다

영화는 어둔 바다를 감싸는 잔잔한 달빛 같은 하모니카 선율과 닮아 있다. 그리고 끝내 아침 햇살로 드러나기를 그만두고 한 편의 은유로 남았다.

마치 태초에 '말씀'으로 창조되기 이전에 이 세계가 그러했듯이, 영화는 어둔 빛의 파도와 더불어 시작된다. 궁핍하기 짝이 없는 섬사람들의 세계는 어둠이다. 그러던 어느 날 외딴 섬에 네루다라는 시인이 오면서, 더 정확히 말하자면 마리오가 등장하면서 화면은 밝고 눈부신 빛깔을 입게 된다. '언어'가 이 세상에 창조의 빛을 던져준 셈이다. "빛이 있으라!"라는 야웨의 말씀에 따르듯이 말이다. 물론 이 모든 것은 영화가 끝난 후에야 기억을 거슬러 올라가 추체험追體驗할 수 있는 '위대한' 은유이다.

어부의 아들이지만 어부가 되기엔 너무 게으른 마리오 루폴로는 우편배달부가 된다. 그 일이 좋아서라기보다는 우선은 어부가 되기 싫어서였다. 그런 그에게 운명같이 찾아온 것은 '시'였다. 섬에 도착한 시인 네루다의 전용 우편배달부가 되면서부터다. 차츰 네루다와 가까워지고 우정을 나누게 되면서 마리오는 시와 은유의 세계를 만나게 된다. 이러한 섬세한 변화의 조짐은 그가 처음에 네루다의 집 문 앞에서 간단히 편지만 전달하고 돌아서다가 점차 마당으로 집 안으로 들어가게 되고, 그러다가 시인과 함께 섬을 돌아다니면서 시에 대해 이야기를 나누는 장면에서 포착된다.

그때까지 마리오의 눈에 비친 네루다는 사회주의자도 의식 있는 시인도 아닌 그저 무수한 여성들의 환호에 둘러싸인 복에 겨운 시인일 뿐이었다. 그래서 마리오는 자기가 전부터 마음에 두어온 마을 처녀 베아트리체의 호감을 사기 위해 네루다의 힘을 빌리기로 한다. 순진한 그에게 시는 아직까지 여인의 마음을 얻는 수단으로밖에는 여겨지지 않는 까닭이다.

어쨌든 네루다의 전폭적인 지지를 받아 마리오는 행복한 결혼을 하게 되고, 네루다는 고향으로 돌아간다. 자기 현실로 돌아간 시인은 이 섬의 풍광과 정을 나눈 섬사람들, 그리고 가장 가까이서 도움을 준 마리오를 까마득히 잊어버린다. 그러나 순진한 마리오는 네루다에게 보내주기 위해 섬의 아름다운 소리를 녹음한다.

> 하나, 작은 파도
>
> 둘, 큰 파도
>
> 셋, 절벽의 바람소리
>
> 넷, 나뭇가지에 부는 바람소리
>
> 다섯, 아버지의 서글픈 그물
>
> 여섯, 신부님이 치시는 교회 종소리
>
> 일곱, 밤하늘의 반짝이는 별
>
> 여덟, 파블리토의 심장 고동소리

이 여덟 가지 음향의 순수한 서정은 그 자체로 언어의 단계를 뛰어넘은 한 편의 아름다운 시로 관객의 마음에 그대로 전달된다.

그러나 이제까지 미적 경험의 범주에만 머물렀던 시는 시간과 더불어 새로운 차원으로 넘어간다. 시가 현실을 바꿀 수 있다는 믿음이 그에게 싹트게 되는 것이다. 그리고 처음이자 마지막으로 쓴 자작시를 대중 집회에서 낭독하려던 순간 그는 군중에게 깔려 목숨을 잃고, 미처

마리오 역을 맡은 마시모 트로이시는 말 그대로 이 아름다운 영화에 생명을 다해 헌신했다. 그는 건강이 좋지 않음에도 이 영화 출연을 강행했고, 결국 촬영을 마친 지 하루도 지나지 않아 심장마비로 사망했다. 영화는 그에게 '백조의 노래'로 남은 셈이다.

읽히지도 못한 시가 적혀 있는 종잇조각은 그의 손을 떠나 허공에 떠돌다가 결국 뭇사람의 발에 밟혀버린다. 얼마 후 다시 섬을 찾은 네루다는 상념에 젖은 채 바닷가를 거닐며 마리오를 추억한다.

이처럼 슬프고도 아름다운 이야기를 읽어낼 수 있는 코드를 하나만 짚어보라고 한다면, 그것은 단연 '시'다. 영화는 네루다와 마리오의 대화를 통해 '시'의 본질에 대한 화두를 이끌어낸다. 물론 시인 네루다는 정작 '시'라는 결정적인 표현을 쓰기보다는 '은유'라는 추상적 개념을 더 자주 등장시켜 영화의 의도를 '은폐'하려는 듯 보인다. '은유가 무엇인가'라는 물음을 던지면서, 영화가 진행되는 내내 관객들로 하여금 은유에 대해 생각하도록 이따금씩 '강요'하기까지 한다.

사전적 의미에서 은유란 '원래 말하고자 했던 단어를 그와 유사한 이미지를 갖는 다른 단어로 바꾸어 말하는 수사적 어법'이다. 그런데 은유가 일종의 '계산된' 표현이라는 걸 알 까닭이 없는 마리오의 대사는 신기하게도 대부분 은유로 이루어져 있다. '아버지의 서글픈 그물'이라든가 '배가 단어들로 튕겨 나온다'는 마리오의 진술은 은유의 개념조차 모르던 그의 입에서 우연히 튀어나온 은유 그 자체였다. 이렇게 자연스럽게 은유를 터득하고 있는 마리오는 네루다에 이끌려 본격적으로 시의 세계로 발을 들여놓게 된다.

시인으로 태어난다는 것의 의미

영화는 안토니오 스카르베타의 소설 『파블로 네루다와 우체부』를 토대로 한다. 그런데 마이클 레드포드 감독의 영화 타이틀에는 네루다의 이름이 빠지고 '우편배달부'만 남았다. 우연이었을까, 아니면 감독의 호감도가 반영된 것일까? 어쨌든 영화에서는 무게중심이 네루다에게서 마리오로 옮겨갔다는 말에는 이견을 달 수 없다. 실제로 영화의 전반부는 두 사람의 소박한 만남과 교류에 초점을 맞춘다. 그러나 네루다가 고향으로 돌아간 뒤부터 영상은 전적으로 마리오를 중심으로, 더 정확히 말하면 그의 죽음을 향해 전개된다. 그렇기 때문에 '우편배달부'라는 타이틀은 한층 더 설득력을 얻게 되는 것이다.

이런 행간을 염두에 두고 마리오와 네루다를 관찰하면 흥미로운 추론들이 가능해진다. 우선 '시'를 저울추로 하여 이 두 인물의 무게를 달아보는 것이다. 영화가 이들을 통해 '시란 무엇인가'라는 물음과 더불어 시인의 진정한 본질에 대해 질문을 던진다는 의미로 말이다.

먼저 네루다에 시선을 멈추면, 그는 소박한 사람들과의 만남을 나름 즐길 줄 아는 여유롭고 호방한 면모를 보여준다. 하지만 알려져 있는 것과는 달리, 민중적 삶이나 인권을 위한 투쟁과는 상관없이 그저 안락한 생활을 추구하며 대중적 인기에 연연하는 소시민의 모습도 간간히 포착된다. 더욱이 어느 인터뷰 장면에서 그는 섬의 아름다움에만 도취될 뿐, 그곳 사람들과 보낸 세월의 정에 대해선 아무 말이 꺼내지 않아 마리오와 관객을 모두 실망시키기도 한다. 떠나간 그를 위해 정성껏 섬의 아름다움을 소리로 담아내는 마리오와는 너무도 대조적이지 않은가 말이다.

이 대목에서 짚고 넘어가자면, 실상 마리오가 처음으로 시에 관심을 갖게 된 계기는 네루다가 아니라 마리오의 아내가 된 베아트리체였다. 그녀의 환심을 사기 위해 마리오는 네루다의 시를 베끼기 시작했고, 결국에 가서는 시와 하나가 되었기 때문이다. '영원한 사랑'이라는 의미를 가진 베아트리체는 단테를 시인으로 거듭나게 했던 여인의 이름이다. 그 후 이 이름은 시인의 뮤즈를 일컫는 말로 문학 전통에 확실하게 자리잡게 되었다. 마리오의 아내가 이처럼 비중 있는 '시적' 이름을 가졌다는 사실을 그저 하나의 우연으로 넘겨버릴 수 있을까? 단테와 베아트리체가 만들어내는 구도에 맞추어보면 네루다는 베르길리우스의 위치에 상응한다. 하지만 유감스럽게도 영화에 비친 네루다의 모습을 보아서는 '네루다—마리오—베아트리체'라는 세 인물의 관계가 『신곡』의 구도로 설득력 있게 설명되지는 않는다.

인기 있는 네루다의 모습이 그저 부러운, 그리고 그녀의 환심을 사고 싶기만 한 마리오는 아무 개념 없이 불쑥 말한다.

> "저도 시인이 되고 싶어요."
> "계속 배달부로 있는 게 좋을 거야. 시인은 모두 뚱뚱해."

네루다의 대답은 마리오의 허황된 바람보다도 더 뜬금없다. 얼핏 시인의 게으름이나 무력감을 조롱하는 듯한 네루다의 말에서는 거꾸로 아이러니하게도 약간의 거만함과 특권의식 같은 것이 묻어난다. 시인의 존재감을 비켜가는 네루다의 황당한 대답은 오히려 마리오에게는 배달부가 제격이라는 그의 내심을 슬며시 노출하는 것일지도 모르기 때문이다. 아니면 자기 자신의 타성적 시 쓰기에 대한 일말의 자괴감을 투사하는 말일까? 그래서인지 그는 성공한 시인이면서도 오히려 시의 본질과는 무관한, 시적인 삶을 모르는 시인의 유형을 대변하는 것처럼 보인다(물론 이 글의 초두에 붙인 네루다의 시는 그 역시 어느 한때 또한 사람의 '마리오'였을 수 있다는 가능성까지 부정하지는 않는다). 그러면서도 그는 은유가 무엇인지, 시를 어떻게 쓰는지 설명하고 가르칠 줄 알며, 시의 사회적 기능과 반향을 철저히 의식하고 있다. 그렇기 때문에 영화에서 네루다라는 인물 속에 투영되는 시는 일정한 기교의 질서를 따라 움직이지만, 언어는 있되 감동이 없으며 그의 삶 역시 시의 본질로부터 이미 한참 멀어져 있다.

반면 마리오는 내세울 만한 시인이기는커녕 생전에 시다운 시 한 편 제대로 써보지도 못했기에, 그에겐 '시인'이란 호칭이 무색할 정도다. 더욱이 그의 유일한 시는 군중의 발에 밟혀 사라져버리지 않았던가. 시인의 집을 처음 찾은 마리오에게 던진 네루다의 뜬금없는 질문은 '은유가 무엇인가'였다. 하지만 '은유'라는 단어가 무슨 개념인지조차 모르던 마리오, 따라서 당연히 그 질문에도 답할 수 없었던 마리오였다. 그러나 놀랍게도 그의 언어는 이미 은유를 구사하고 있지 않았던가.

이렇게 영화를 다시 거슬러 올라가면 한 가지 중요한 사실과 만나게 된다. 마리오는 애초부터 어부의 일상적 삶을 포기하고 다른 무엇, 다른 어떤 존재이고자 했다. 그렇다면 그는 네루다를 만났을 때가 아니라 이미 그 이전부터 시인으로서의 싹을 틔우고 있었을 거라는 추측이 가능하다. 그렇게 보면 네루다는 그에게 시인으로서의 자기 존재를 무의

■▮ 구스타프 클림트가 베토벤의 9번 교향곡을 재해석한 벽화 〈베토벤 프리즈〉 가운데 하나인 〈시 Poesie〉이다.

식에서 의식으로 떠오르게 했을 뿐, 결정적으로 그를 시인으로 만들어 준 장본인은 아니라는 말이 된다.

이런 시각에서 결론적으로 말하자면, 마리오의 형상에는 '태생적으로 시인인 존재, 즉 시인으로 태어난 존재'가, 그리고 네루다에게는 '시인이 된 존재'가 체화되어 있다고 볼 수 있다.

거대한 은유로 읽어보는 「일 포스티노」

조각으로나마 엮어본 이런 여러 가지 관점들은 관객으로 하여금 영화 「일 포스티노」를 하나의 영상 메타포로 바라보게 한다. 우선 영화는 네루다와 마리오의 대화를 통해 은유가 무엇인지를 설명해준다. 그리고 그들이 나눈 대화야말로 은유로 이루어진 시이기도 하다. 하지만 영화 그 자체로 하나의 너른 은유의 보고寶庫라는 것이 더 정확한 말일지도 모른다.

이미 우리는 네루다와 마리오를 각기 상이한 시인의 유형으로 읽어보기도 했다. 그러나 은유는 여기서 그치지 않는다. 문학이나 언어의 모티브 역시 화면 곳곳에 은유로 숨겨져 있다. 영화의 배경은 섬이다. 문학의 토포스에 따르면 물의 모티브는 생명의 본질 또는 정화淨化라는 긍정적 이미지를 가지고 있다. 바다 역시 시간과 공간의 제약이 없이 영원히 존재하는 근원으로서의 원형적 이미지를 지닌다. 그런데 아이러니하게도 그 바다 한가운데 떠 있는 섬은 물로 둘러싸여 있지만 물이 부족한 공간으로 묘사된다. 모든 생명체에게 삶을 유지시켜주는 생명

수가 결여된 것이다. 그리고 주민들에게 바다 역시 육신의 삶의 터전일 뿐 정신적인 모태로서의 긍정적 이미지와는 전혀 연결되지 못하고 있다. 그런 섬에서 식수난에 허덕인다 함은 본질을 찾으려면 찾을 수 있지만 찾지 않는 인간의 무지함과 한계를 웅변하는 듯 보인다.

이 설정은 문학의 문제와 자연스레 연결된다. '은유적으로' 표현하자면, 물이 많아도 목마르게 하는 섬의 상황은 언어의 과잉 속에서 느끼는 시어에의 목마름과 겹쳐지는 그림이 된다. 그런 의미에서 바다의 본질에 근접한 이는 오직 마리오 한 사람뿐이었다. '아버지의 서글픈 그물'처럼 그는 일상의 언어에서 은유를, 시어를 찾아낼 수 있었던 유일한 사람이었다.

이런 방식의 영화 읽기를 지지하기라도 하듯, 시인 즉 '시적 언어'가 존재하는 시간과 공간은 화려한 원색의 화면으로 햇빛 속에 찬란히 빛나는 자연을 비춰주는 반면, 시인이 사라진 공간은 회색이나 어두침침한 무채색으로 변한다. 여기서 우리는 어둔 파도로 시작되었던 첫 영상이 마리오가 등장하면서 아름다운 색채로 바뀌었던 장면을 떠올린다.

이제 '이 모든 은유는 무엇을 말해주는가'라는 질문을 던질 수 있을 것이다. 마리오에게 시가 갖는 의미는 그의 삶의 여정에 따라 그때그때 새로운 차원으로 이행된다. 우선 그에게 시는 네루다에게서처럼 여자들의 인기를 얻을 수 있는 수단으로만 보였었다. 그래서 그는 시를 '흉내'내고자 했다. 시는 일종의 일상적 필요였던 것이다. 물론 그런 그의 태도에 변화가 있기까지는 오랜 시간이 걸리지 않았다. 시는 점차 마리오 자신의 생에 대해 생각하고 주변의 아름다움을 이야기하는 힘으로 받아들여진다. 궁핍한 삶의 고달픔이 가로막았던 섬의 아름다움을 느끼고 발견하게 해준 것은 바로 시다.

그러다 영화의 마지막 부분에 이르면 시의 가능성에 대한 마리오의 성찰은 한 걸음 더 나아간다. 시는 군중의 마음을 모아 사회를 변화시킬 수 있는 강렬한 힘이라는 믿음으로 발전한다. 결국 마리오의 '최후의 시'가 된 '최초의 시'는 그 누구에게도 이르지 못한 미완의 꿈으로 남고 말았지만 말이다. 그러나 이 장면은 역설적으로 이렇게 말한다. 결국 시는 마리오가 되고 마리오는 시가 된다고.

영화의 대단원. 섬과 섬사람들을 까마득히 등진 것처럼 보였던 네루다가 다시 찾아온다. 그는 바닷가를 산책하며 생각에 잠긴다. 화면은 처음처럼 거의 흑백의 분위기를 유지한 채로다. 이전의 그에게 이 바다는 단지 아름다움과 즐거움의 대상이었다. 그러나 영화의 끄트머리 즈음에 이르면 그보다 훨씬 깊은 의미를 지니게 된다. 자신이 시를 가르쳐주었던 마리오를 떠올리며 그는 오히려 새롭게 시의 본질과 만나게 되는지도 모를 일이다.

「일 포스티노」. 이 영화에서 궁극적으로 우리의 마음을 움직인 것은 무엇일까? 그것은 눈부시게 아름다운 지중해의 풍광도 아니고 이름난 시인의 아름다운 시구도 아닐 것이다. '백조의 노래'와도 같은 잔잔한 감동을 선사한 주연배우 마시모 트로이시의 때묻지 않은 표정은 더더욱 아니다. 그것은 내면의 풍경의 섬세한 울림, 그리고 이 모든 것을 통해 드러난 은유, 시의 본질이 무엇인가에 대한 은유 자체였다. 이 은유로 인해 어쩌면 우리 모두는 바닷가를 거닐며 네루다가 잠겼을 생각에 함께 빠져들게 된다.

"이 세상이 다른 것의 은유라는 말인가요?" 마리오의 이 순진무구한 질문은 물론 '그렇다'라는 대답으로 바로 우리에게 돌아온다. 결국 영화는 은유를 통해 세상을 보여주고 또 바라보는 방법을 우리에게 설명해주고 있는 듯하다. 마리오가 은유를 통해 자기를 둘러싼 이 세상과의 관계를 새롭게 엮어나가는 과정을 보여주면서 말이다.

시는 멀리 있는 것, 특별한 사람들에 의해 만들어지는 것이 아니라 바로 우리 자신 속에 있다는 것을 마리오는 자신의 삶과 죽음을 통해 보여주었다. 찾으려고만 한다면 사방 어디에나 존재하는 풍성한 물처럼 삶의 본질은 어디나 존재한다는 것을, 시인으로서 살아간다는 것이 무엇을 의미하는지를 한 폭의 영상을 통해 조용히 웅변해주었다. 그리고 그런 것을 찾는 과정이 우리의 삶을, 그리고 우리 주변을 얼마나 값지고 빛나게 하는지를 보여주었다.

그리하여 이 영화는 미완으로 남은 마리오의 시 한 편처럼 문학과 삶의 의미를 되새김질하게 하는 영상으로 남는다.

파블로 네루다, 『네루다 시집. 스무 편의 사랑의 시와 한 편의 절망의 노래』, 정현종 옮김, 민음사, 1994. 117-119쪽.

:: 라이너 마리아 릴케의 시 「가을날」

밤을 밝혀 쓴 가을의 편지

가을날

주여, 때가 되었습니다. 여름은 참으로 위대했습니다.
해시계 위에 당신의 그림자를 놓아두시고
들녘에는 바람을 풀어놓으소서.

마지막 남은 열매가 무르익도록 명하시고
그들에게 남국의 날씨를 이틀만 더 베풀어주소서
이들을 무르익으라 재촉해주시고, 마지막 단물이
진한 포도주로 고이게 하소서.

이제 집이 없는 사람은 더 이상 집을 짓지 않습니다.

이제 홀로인 사람은 오래도록 그럴 것입니다,
밤을 밝혀 책을 읽고 긴 편지를 쓸 것입니다.
그리고 나뭇잎이 휘날리는 날에는 진정되지 않은 채
가로수 길을 이리저리 헤맬 것입니다.

Herbsttag

Herr: es ist Zeit. Der Sommer war sehr gross.
Leg deinen Schatten auf die Sonnenuhren,
und auf den Fluren lass die Winde los.

Befiehl den letzten Früchten voll zu sein;
gieb ihnen noch zwei südlichere Tage,
dränge sie zur Vollendung hin und jage
die letzte Süsse in den schweren Wein.

Wer jetzt kein Haus hat, baut sich keines mehr.
Wer jetzt allein ist, wird es lange bleiben,
wird wachen, lesen lange Briefe schreiben
und wird in den Alleen hin und her
unruhig wandern, wenn die Blätter treiben. (37-8)

1902년 출간된 『노래시집Buch der Lieder』에 수록된 시 「가을날」은 오랜 세월에 걸쳐 릴케와 동의어가 되어왔다고 해도 지나치지 않다. 그만큼 시인 릴케의 문학세계를 대표하는 시로 우리나라뿐 아니라 전 세계적으로 널리 사랑받는 시다.

이미 제목이 말해주듯이 시의 중심에는 가을이라는 계절이 자리하고 있다. 한편으로는 가을의 자연 속에 무르익는 감사가 있는가 하면, 다른 한편으로는 계절에서 비롯되는 미세한 정서의 흔들림이 시를 가득 채운다. 그리고 이처럼 풍성한 서정적 영상들이 가을의 이미지를 망라하기에 충분한 까닭에, 시는 또한 '계절의 시'로 자리매김한 지 오래다.

더욱이 이 사색적 계절의 이미지를 완벽하게 내면화해주는 것은 이 시가 지닌 기도 형식이다. 시는 '주여, 때가 되었습니다'라는 서정적 자아의 고백으로 시작된다. 땀 흘려 일하는 여름이 있어 수확의 가을이 가능한 까닭에, 여름은 서정적 자아에게 '위대한 여름'일 수 있다. 이어서 '해시계 위에 당신의 그림자를 놓아두기'를 청한다 함은 '당신'을 시간을 움직이는 전권의 소유자로 인정한다는 말에 다름 아니다. 그림자란 존재의 표징이기 때문이다. 그런데 수확의 법칙을 총괄하는 것은 비단 신의 그림자인 시간만이 아니다. '바람'과 '햇볕' 역시 자연 속에 친히 역사하는 신의 섭리를 매개하는 이미지다.

두 번째 연에 이르러서도 '시적 자아'는 창조주를 향한 간절한 염원을 멈추지 않는다. '마지막 남은 열매' 역시 창조주의 허락 하에서만 무르익어 완성될 수 있는 피조물이며, 묵직한 포도주로 농익을 단물에

■■ 릴케, 1923년 가을 뮈조Muzot에서.

도 어김없이 신의 뜻은 담겨 있다. 그러기에 그가 베푸는 이틀만의 남국의 날은 길지도 짧지도 않은, 완성을 위한 마지막 숨고름의 시간이기도 하다. 이렇게 보면 포도주는 신의 뜻에 따라 자연의 소산물이 만들어내는 최상인 동시에 최후의 완성품을 의미한다 할 것이다.

그런데 시의 흐름은 셋째 연에 이르면 지금까지의 기본 정서를 잃으면서, 앞서 맥락과의 이음새가 껄끄러워진다. 첫 두 연을 채우던 기독교적 세계관, 즉 창조주와 자연의 조화로운 상호 관계는 온데간데없이 사라져버린다. 문체 역시 마찬가지다. 대화체로 이루어진 기도문은 돌연 3인칭 대상에 대한 서술로 바뀌면서, 서정적 자아는 자연으로부터 눈을 돌려 누군가에 관해 이야기하기 시작하는 것이다. 그 누군가는 '이제 집이 없는 사람', '이제 홀로인 사람'으로서, 한마디로 말해 일반적 질서 밖에 존재하는 사람으로 설정되어 있다. 이런 '그'의 상황은 일견 릴케의 사변의 반경을 늘 맴돌았던 소외된 현대인의 자화상으로 무리 없이 읽힐 수 있다.

그런데 더 나아가 시의 분위기는 단순한 상황 묘사를 훌쩍 넘어서서 그의 고독을 체화시키는 듯하다. 이제 집이 없는 사람은 아예 더 이상 집을 짓지 않으며, 홀로인 사람 역시 오래도록 그 상황을 면치 않을 거라는 역설적 고착이 그것이다. 게다가 밤에도 잠을 이루지 못하고 낙엽이 흩날리는 가로수 길을 불안하게 헤매는 것이다.

그런데 막상 시의 맥락을 좀더 자세히 들여다보면, 이 정황에 대한 흥미로운 단서가 포착된다. 이 모든 것은 상당 부분 그 '누군가' 자신에 기인하는 것으로 읽히는 것이다. '그럴 수밖에 없다'가 아니라 '그렇게 한다'는 말이다. 그런데 집을 짓지도 않고 오래도록 홀로 헤매는 상황을 왜 그는 자초하는 것일까? 바로 이 질문은 이제껏 별다른 문제 제기 없이 통용되어왔던 시 「가을날」의 보편적 이해의 기반을 여지없이 흔들어버린다.

위 물음에 답하기 전에, 잠시 제쳐놓았던 한 행에 주목해보자. 마지막 연의 셋째 행은 이렇게 말한다. 그런 그 '누군가'의 삶에 아직 남아 있는 유일한 '생산적' 일이란 '밤을 밝혀 책을 읽고 긴 편지를 쓰는' 것뿐이라고. 여기에 초점을 맞추어 다시 전체 시를 조망하면, 궁극적으로 이 시가 시인의 실존에 대한 진술을 유도하고 있음을 포착할 수 있다. 물론 시인을 구체적으로 지칭하거나 시작詩作의 문제를 다루는 대목은 결코 직접 드러나지는 않는다. 밤에 깨어서 무언가를 읽고 쓰는 이만이 존재한다. 그리고 그가 쓰는 것은 '편지'일 뿐이다. 따라서 이 맥락에서 가장 비중 있는 핵심어는 '편지'다.

과연, 또는 어떻게 편지가 시인의 존재와 상관될 수 있을까? 마이클 래드포드 감독의 영화 「일 포스티노」는 릴케의 시를 위해 작은 단서를 제공해준다. 영화의 주인공 마리오는 원래 게으르고 어리바리하기 짝이 없는 우체부로 등장한다. 그러나 영화의 끄트머리에 이르면, 시인이 되지는 못했으되 시인의 본질에 가장 근접한 존재로 상징적으로 거듭난다.

편지라는 장르는 기본적으로 쓰는 이와 읽는 이, 쓰는 행위와 읽는 행위를 상정한다. 이 사실은 문학에 필수적인 소통의 과정을 의미하는 대목이기도 하다. 이렇게 보면 편지는 사적이면서 진정성이 담긴 보편적인 글쓰기를 의미함과 동시에 문학에 대한, 그중에서도 가장 개인적이며 주관적인 '시'에 대한 또 다른 이름으로 기능한다. 이런 전제를 가지고 접근해보면, 시 「가을날」에서 자연의 보편적 순환 현상의 틀 '밖'에 머무는 존재로 설정된 '그'는 다름 아닌 시인이다. 자연의 풍요로움이 '안'에 소속된 이들의 내적, 외적 포만감의 이유라면, 수확의 계절은 이러한 풍요에 반하여 '밖에 있는' 시인 자신의 정신적 '궁핍'에 대한 감수성을 오히려 예민하게 만들어준다.

그럼에도 불구하고 이 절대 고독은 앞서 언급했던 대로 '그렇게 한다'는 시인의 선택적 운명으로 보인다. 다시 말해 머물지 않는, 홀로인 자의 상황은 능동적 포기의 결과로 규정할 수 있다. 마찬가지로 '집이 없다'라는 표현 역시 시인됨의 의미, 즉 시적 실존의 의미란 결코 안주나 완성에 이르지 않는 힘겨운 노력의 '과정'이라는 릴케의 생각을 노출한다.

이 시가 얼핏 이질적으로 보이는 두 부분으로 구성되어 있음은 이미 지적했다. 1연과 2연은 자연의 성숙과 완성을 이미지화하면서, 자연과 조물주의 합일이라는 창조의 질서를 구현한다. 반면 3연은 역으로 기독교적 '시간'에 대한 패러디, 기독교적 가치관의 전도로 읽어볼 수 있다. 또 더 넓은 의미에서 기독교에 기초한 서구 시민 사회의 전통을 거부하는 것으로, 자연 세계와 인간 세계의 모순을, 심지어 신과 인간의 단절까지도 의미할 수 있다.

그러나 좀더 서정적인 시선으로 바라보면, 셋째 연은 완성을 이루지 못한, 아니 이룰 수 없는 내면의 가을 풍경을 첫 두 연에 대비시키고 있다. 그리고 도입부에서 두드러졌던 기도문의 종교적 느낌을 배제하면서 고독과 방황의 영상을 부각시킨다. 하지만 달리 보면 이 고독은 영혼의 성숙을 위한 준비의 의미를 지니기도 하면서, 인간의 실존 깊숙이 뿌리내린 근원적 고독의 편린으로 이해되어야 할 것이다. 그리고 그러한 정서의 정점에 '시인'이 자리잡고 있다.

시의 메시지에 소리의 옷을 입히다

이 시는 평범한 계절의 노래에서 시인의 존재에 대한 성찰로 이행된다는 점에서만 특별한 것은 아니다. 세 연은 3행에서 4행으로, 그리고 다시 5행으로 한 행씩 늘어나는 형태를 취한다. 이러한 '규칙적 불규칙성'을 통해 시인은 무엇을 말하고자 했을까? 시의 양적 팽창은 무게중심이 이동하는 것처럼 시상의 비중이 아래쪽으로 갈수록 무거워지고 있음을 보여준다. 그리고 이런 구상은 시에서 상대적으로 더 중요하게 다루어져야 할 이슈가 무엇인가를 열어 보인다.

이 시각적 변화에 이어 강조하고 싶은 것은 '음향효과'다. 독일시의 전통에서 운율은 시를 언어적으로 완성하는 가장 비중 있는 요소 중 하나다. 특히 시의 내용과 각운이 상호작용하면서 만들어내는 긴밀한 유기적 관계는 우리 말의 구조에서는 가능하지 않은 특이한 점이다.

각운이란 한 시행의 마지막 강음 이후의 소리가 다른 시행의 그것과 일치할 때 생겨나는 소리의 법칙성을 말한다. 예를 들어보면 첫 행의 마지막 강세는 gross의 'o'에 있다. 'o' 이후의 소리인 [ó:s]는 셋째 행

〈닥터 지바고〉로 유명한 소설가 보리스 파스테르나크의 아버지인 화가 레오니드는 모스크바에 체류 중이던 릴케의 모습을 연필 소묘로 남겼다.

끝 단어 los에서 [ó:s]로 다시 한번 반복된다. 이 소리를 a라고 하자. 둘째 행의 끝 단어 Sonnenuhren의 마지막 강음은 'u'이기 때문에, 그 이후의 소리 [ú:ren]은 b가 된다. 이처럼 계속 새로 등장하는 마지막 강음 이후 소리에 로마자 알파벳으로 각각의 '일련번호'를 주기로 하자. 이 규칙에 따르면, 1연의 각운은 a-b-a, 2연은 c-d-d-c, 3연은 e-f-f-e-f의 진행을 보여준다. 첫 두 연은 a-b-a, c-d-d-c로 감싸는 모습을 한 '포옹운'을 만들고 있다. 다시 돌아와 마무리하는 소리 a와 c는 안정적이고 자연스런 분위기를 환기시킨다. 반면 3연의 각운 e-f-f-e-f 는 이 규칙성으로부터 벗어나 있다. 이는 앞서 포옹운이 형상화한 완결의 의미 대신 진행형의 느낌을 불러일으킨다. 더 나아가 e-f-f-e-f에서는 (마지막 f 하나가 빠져 있으므로) 미완의 이미지까지도 상상해볼 수 있다. 말하자면 서정적 자아가 쉼 없이 가로수 길을 헤매는 모습을 운율로 구체화하고 있음을 알 수 있다.

그뿐 아니라 3연에서 무성음 w[v]가 자주 사용되는 것도 특기할 만하다. 이 소리는 3연에서 모두 여덟 번이나 반복되는데, 한 시행에 두 번씩 사용되는 경우도 세 차례나 된다. 반복되는 이 음향은 바람 일고 낙엽이 휘날리는 거리의 풍경과 어둡고 스산한 분위기를 연출하는 장치로 간주된다. 자연의 풍성함을 바라보면서 창조적 내면의 궁핍함을 자각하는 시인의 모습을, 그리고 현실에 안주하기를 포기한 시인의 실존을 소리로 형상화하는 데 효과적으로 부합한다는 말이다. 이처럼 시의 메시지와 형식적, 언어적 일치는 언어의 연금술사라는 릴케의 감수성을 드러내는 아주 적절한 예가 될 것이다. 내로라하는 독일어권 배우나

성우들이 시 「가을날」을 그처럼 즐겨 낭송해왔다는 사실은 우연이 아니리라.

결론적으로 말하면, 이제껏 경건한 아우라로 둘러싸인 계절의 기도로 자리매김해온 릴케의 「가을날」은 그 이상의 깊은 의미를 웅변해준다. 시인의 내적 갈등과 실존적 고독의 상황을 주제화했을 뿐 아니라 이를 언어적으로 재현함으로써, '시인' 릴케의 자각과 노고가 각인된 시로서 그 진가를 발휘한다. 가을이라는 소재에 시인됨의 의미를 담아, 시인으로서의 성숙을 모색하는 자기성찰이기에 더욱 빛을 발하고 있는 것이다.

Rainer Maria Rilke, *Das Buch der Bilder*, Wiesbaden, 1979.

:: 김현승의 시 「가을의 기도」

겸허한 모국어로 채워진 시간의 기도

릴케의 가을을 사랑한 시인이 있었다. 다형茶兄 김현승이 바로 그다. 기독교적 경건성에 뿌리를 두고 인간의 실존을 시인의 눈으로 바라본 그다. 그가 '견고한 고독', '절대 고독'을 노래했다면, 어쩌면 그는 릴케와 더불어 홀로가 아니었을 것이다. 시 「가을이 오는 시간」에서 김현승 시인은 이렇게 릴케와 만나고 있기 때문이다.

지금은 먼 길을 예비할 때
집없는 사람들 돌아와 집을 세우는
지금은 릴케의 시와 자신에
입 맞추는 시간

그런 그가 남긴 「가을의 기도」는 우연의 소산이 아니다.

가을의 기도祈禱

가을에는
기도祈禱하게 하소서……
낙엽落葉들이 지는 때를 기다려 내게 주신
겸허謙虛한 모국어母國語로 나를 채우소서.

가을에는
사랑하게 하소서……

오직 한 사람을 택하게 하소서,
가장 아름다운 열매를 위하여 이 비옥肥沃한
시간時間을 가꾸게 하소서.

가을에는
호올로 있게 하소서……
나의 영혼,
굽이치는 바다와
백합百合의 골짜기를 지나,
마른 나뭇가지 위에 다다른 까마귀같이.

릴케의 「가을날」과 마찬가지로 이 시도 우선 익명의 존재를 향한 기도로 시작된다. 시인 김현승 역시 가을을 영혼의 정진을 도모하는 시간으로 받아들이면서 시상을 펼쳐나간다. 가을은 그에게 무엇보다 '기도'의 시간이다. 다음으로는 '사랑'의 시간, 그리고 마지막으로 '호올로' 있는 시간이다. 암암리에 시인은 '기도'와 '사랑'과 '홀로 있음'이야말로 가을과 동일시되는 키워드라고 규정하는 것이다. 따라서 이 세 단어들의 상관관계를 밝혀내는 것이 시의 핵으로 향하는 지름길이라는 말이 된다.

먼저 첫째 연이 던져주는 화두인 기도란 무엇인가? 기도는 언어가 된 영혼의 교감이라 할 것이다. 그리고 서정적 자아에게 채워져야 할 이 기도의 언어는 다름 아닌 '겸허한 모국어'다. 모국어의 존재는 또 다른 언어를 전제로 할 때만 가능하다. 타국어를 말하는 사람에게 이 모국어의 의미란 일상의 필요를 채우는 데만 있지 않다. 오히려 모국어야말로 가장 내밀하고 심오한 내면의 정서를 표출할 할 수 있는 언어다. 그렇기에 모국어는 기도의 언어와 마찬가지로 일상어의 영역을 넘어서는 '시어'의 다른 표현으로 보아도 무방할 것이다.

이런 가정을 차치하더라도, 가을과 기도와 시의 관계를 설정하는 데 지지대의 역할을 하는 시인의 글이 있다.

> 가을에는 가장 깊은 시를 얻는 것이 나의 기쁨이었다. 이리하여 나는 일생 동안 가을의 외로움이나 슬픔을 모르고 살아왔다. 외로움이 있는 곳엔 가을마다 기도가 있었고 그 기도에 리듬을 붙이면 시가 되었다.

'모국어', 즉 '시어'는 바로 그런 외로운 기다림 끝에 내려주셨기에 '겸허'하게 받을 수밖에 없는 언어다. 그리고 화자는 이 '모국어'로 '나'의 영혼의 기도가 가득 채워지기를 기원하는 것이다.

그렇다면 이 기도는 무엇을 위한 기도인가. 첫 연에서 '기도'와 연계되었던 가을은 두 번째 연에서는 '사랑'과 관련된다. 이렇게 보면 모국어로 채워진 기도는 사랑하는 자를 위해 존재한다는 말이 된다. 그리고 "오직 한 사람을 택하게 하소서"라는 기도가 지시하듯이, 사랑은 배타적이며 또한 절대적이다. 더욱이 '기도'와의 맥락에서 보면 이 사랑의 대상은 신 또는 절대적 존재를 의미한다. 즉 기도의 '가장 아름다운 열매'는 절대자에 대한 사랑이며, 가을은 이 사랑을 일구어내는 '비옥한 시간'이자 모태로 자리잡는다.

그런데 세 번째 연에 이르면 일종의 '전복'이 독자를 기다리고 있다. 즉 겸허한 모국어로 채워진 기도는 절대자에 대한 사랑을 품어 가꾸게 한다. 한데 사랑은 역설적으로 나를 홀로 있게 한다는 것이다. 이 모순을 어떻게 풀어야 할까?

본론을 말하자면, 3연은 사랑의 '결과'를 말하고 있지 않다. 여기서 마지막으로 제시되는 것은 그러한 배타적이고 절대적인 사랑이 열매 맺기 위한 '조건'이다. 그것은 다름 아닌 '내 영혼의 고독'이다. '홀로 있음'은 종교적 은유들로 가득 차 있다. 특히 성서적 은유인 '백합의 골짜기'는 지혜, 순결, 진실, 영적 환희의 히브리즘적 세계를 의미한다. 이런 은유들은 김현승 시세계의 주축을 이루는 기독교적 상징성과 맥을 같이하고 있으므로, 특별한 해독의 어려움은 없는 편이다.

그런데 돌연 마지막 행에서 독자는 그만 길을 잃고 만다. 한편으로는 '내 영혼', 다른 한편 뜬금없이 등장하는 '마른 나뭇가지 위에 다다른 까마귀'가 자리잡고 있기 때문이다. 이 두 이미지는 과연 어떻게 이어질 수 있을까? 자연의 성장과 풍요에 정면으로 대치되는 '마른 나뭇가지', 그리고 세상과 절연된 절대 고독의 표상인 '까마귀'는 또 무엇인가? 그리고 이들은 가을과 무슨 상관이 있단 말인가?

그러나 전체 시행을 다시 읽어보면 해결의 실마리가 아주 없는 것은 아니다. 의미의 강세를 '다다른'에 놓고 읽어보는 것이다. 인간은 본래 까마귀 같은 미천한 존재지만 종교적 실존을 통해 '도달' 또는 완성을 이룬다는 말이다. 비록 그 목적지가 우선은 마른 나뭇가지라고 할지라도 말이다. 잎도 열매도 없이 나신을 드러낸 앙상한 마른 나뭇가지. 그러나 이것은 더 이상 나아갈 수 없는 순수 고독의 세계와 인간 존재의 최후의 모습을 가장 적나라하게 보여준다. '본질의 투명성'을 상징한다고나 할까. 그리고 역으로 마른 나뭇가지야말로 새로운 생명을 잉태할 수 있는 시점에 가장 가까이 있는 존재다. 셸리도 시 「서풍부Ode To The West Wind」에서 이렇게 노래하지 않았던가, '겨울이 오면 봄도 머지 않으리'라고.

'마른 나뭇가지'의 형상은 시인의 또 다른 가을 시에서 '뼈마디'의 모습을 취한다. 시 「가을」은 가을의 언어를 봄의 언어에 대립시키면서 언어의 본질에 관한 물음을 훨씬 조형적으로 묘사해주고 있다. 봄의 언어가 '꽃잎을 빚어 만든 살'로 살아 움직이는 생명의 원심력이라면, 가을의 언어는 '별을 생각으로 깎고 다듬은 보석'이다.

눈동자 먼 봄이라면

입술을 다문 가을

봄은 언어 가운데서

네 노래를 고르더니

가을은 네 노래를 헤치고

내 언어의 뼈마디를

이 고요한 밤에 고른다.

가을은 언어의 과잉을 포기하게 한다. 봄의 노래 대신 언어의 뼈마디, 언어의 골수를 갈무리하는 계절인 것이다. 언어의 '뼈마디'는 현재 가시적인 생명체보다 더 원초적인 것, 즉 '마른 나뭇가지'에 깃들여 있는 미래의 생명에 다름 아니다.

그런가 하면 역시 기도문의 형식을 가진 김현승 시인의 「가을의 시」의 한 구절에 따르면 마른 나뭇가지의 이미지는 '위대한 공허'의 그것으로 대체될 수도 있을 것이다. "많은 진리들 가운데 위대한 공허를 선택하여 / 나로 하여금 그 뜻을 알게 하소서." 육체의 소멸이 정신적 완성과 풍요로움을 가져다줄 수 있다면, 이 소멸은 역설적으로 '위대한 공허'로 거듭날 수 있다는 말이다. 이렇게 보면 '홀로 있음'과 '마른 나뭇가지', 그리고 '까마귀'는 시적 반전을 위한 독특한 장치로 기능하고 있음이 분명해진다. 그리고 바로 그렇기 때문에 앞서 설정했던 가을의 세 가지 키워드인 '기도'와 '사랑'과 '홀로 있음'이 큰 무리 없이 연결

■ 왼쪽은 평소 커피를 매우 즐겼던 김현승 시인의 모습이고, 오른쪽 사진은 광주 무등산에 있는 김현승 시비詩碑다.

된다는 데 동의할 수 있다.

김현승의 「가을의 기도」는 가을의 모순적 이미지를 핵심 모티브로 삼고 있다. 한편에는 가을의 풍요로움과 사색이, 다른 한편에는 고독과 방황과 외로움이 있다. 이 구도를 전제로 하여 가을의 시상은 고독의 시간이자 성숙의 시간에서 출발하여 예술의 문제로 옮아가고 있다. 앞서 릴케에 대한 김현승 시인의 언급은 차치하고라도, 이렇게 보면 이 시는 릴케의 「가을날」과 중첩되는 여러 가지 이미지를 보여주고 있다. 인간의 실존에 대한 성찰은 시인됨에 대한 성실한 탐구로 귀착된다는 말이다.

김현승과 릴케의 우연은 여기서 그치지 않는다. 두 시는 각각 세 연으로 구성되어 있다. 그런데 공교롭게도 「가을의 기도」 역시 릴케의 「가을날」과 마찬가지로 각 연마다 한 행씩 더해가는 구조를 취한다. 따라서 의미의 비중, 시상의 비중이 세 번째 연을 향해 가중되고 있음을 알 수 있다. 이렇게 내적, 외적 구조에서 두 시는 지나치리만큼 일치를 보인다.

두 시는 부분적 또는 전체적으로 기도문, 즉 절대자와의 대화 형식으로 이루어져 있다. 다만 같은 기도 형식이라고는 하지만 모두 기독교적 색채를 띠는 것은 아니다. 릴케는 마지막 3연에서 기도문의 형식을 포기하면서 독백으로 시를 끝맺음하는 데 반해, 김현승의 「가을의 기도」는 끝까지 기도의 서정을 놓지 않는다. 이렇게 보면 「가을날」과 「가을의 기도」라는 상이한 제목에서 두 시인은 각자 뜻하는 의도를 뚜렷이 살리고 있다. 릴케가 무신론적 실존의 문제에 근접해 있다면, 김현승은 절대자에 대한 믿음에 기초한 유신론적 실존이라는 목표점을 향한다.

어찌되었든 미완성이며 아직 진행 중인 방황의 계절인 동시에 성숙을 동반하는 힘을 가진 릴케의 가을은 김현승에게서 내적 거듭남을 위한 충만하고도 경건한 시절로 새로이 해석되고 있다.

김현승, 『김현승 시전집』, 김인섭 엮음 · 해설, 민음사, 2005.

3. '존재'를 밝혀주는 새로운 형식의 탐구

• 존재에 대한 사유의 가능성으로서의 소설

• 더 이상 모독당하지 않는 '오늘날'의 관객을 위하여

:: 밀란 쿤데라의 소설 『불멸』

존재에 대한 사유의 가능성으로서의 소설

노벨 문학상의 의미를 둘러싼 이런저런 논의를 잠시 접어두더라도, 밀란 쿤데라는 해마다 빠지지 않고 세계문학계에 회자되는 이름이다. 누군가의 말대로, 동구 출신으로 자민족 고유의 이념 문제나 전통적 주제를 외면하고 서구 산업사회의 제반 문제를 주로 다루어왔다는 이유로 언제까지 그가 수상 대기자 명단에 머물러야 할지는 아무도 예측할 수 없지만 말이다. 그의 문학세계의 표면적 매력은 어쩌면 아주 통속적인 동시에 통속적이지 않다는 데 있다. 여기서 '통속적'이라는 표현은 '보편적'이라는 의미로 대체될 수 있을 것이다. 그건 그가 독자의 체험 반경에 머무르면서, 시야에 포착되는 매우 일상적인 주제들을 평범하지 않은 조합으로 묘사하기 때문은 아닐까? 그리고 예의 그 평범하지 않은 방식을 담는 틀로 그는 소설이라는 장르를 선택한다.

그런 그의 작가적 특수성은, 정당하든 그렇지 않든, 문자 문화의 종

말이 공공연히 선언되는 이 시대에 소설의 존재 이유와 필연성을 가늠하고 새로운 소설의 가능성을 부단히 타진한다는 데 있다. 그는 소설의 뿌리를 '존재'라는 개념에서 찾는다. 쿤데라의 미학에 따르면, '존재'는 획일적 이성의 메커니즘으로는 설명되지 않는다. 따라서 소설은 르네상스 이후 싹터 계몽주의에서 꽃을 피우고 맥을 이어온 합리주의 전통을 거부하는 것이기도 하다. 그리고 소설의 존재 이유가 우리를 '존재의 망각'으로부터 지키는 것이라 한다면, 오늘날 소설은 그 어느 때보다 더욱 필요한 것이 아니겠느냐고 쿤데라는 오히려 반문한다.

쿤데라는 과거 이성의 자리를 차지하고 있는 것이 바로 매스미디어라는 최근의 현상이라고 지적한다. 그리고 이 획일적 메커니즘의 대안으로 소설의 존재를 고집스럽게 주장하는 것이다. 멀티미디어 시대로 통칭되는 최근 십수 년간 매스미디어는 소위 세계화 전략을 매개하고 강화하면서, 인류 모두에게 공히 유효하다는 단순하고 상투적인 내용들을 전 세계에 유포해왔다. 그리고 이를 정치적 의미에서뿐 아니라 예술적 취향에서도 획일화시킨 결과, 모든 다른 문화 영역과 마찬가지로 소설 역시 점점 더 매스미디어의 수중에 장악되어가고 있다. 쿤데라는 이러한 위협적 변화를 목도하고 비판하면서 자신의 작품을 통해 진정한 소설의 정신을 역설하고 있는 것이다. 소설은 자기 존재를 망각한 인간의 실존을 형상화함으로써 인간의 본래적 모습을 환기시켜주는 장르라는 것이다. '소설=존재'라는 그의 등식을 고려하면, 소설 자체에 대한 무게 있는 성찰이 그의 소설의 주요 주제나 소재로 등장하는 것은 어쩌면 너무나 당연한 일이다.

1990년 출간된 소설 『불멸』은 그런 의미에서 특별한 소설적 가치를 지닌다. 『불멸』은 우선 쿤데라의 소설 미학이 가감 없이 투영되었다는 점에서 독자를 매혹시킨다. 문학이 존재하는 이래 수많은 작가들이 자신의 작품을 이론화하거나 혹은 이런저런 이론을 작품 속에 적용하기를 시도해왔다. 하지만 이론과 실제를 성공적으로 일치시킨 예가 매우 드물다는 사실을 기억할 때 쿤데라의 소설은 더욱 빛난다.

『불멸』을 읽을 때 우리는 무엇보다 '불멸'이라는 주제에 대한 예리한 성찰과 다층적 구성의 미로에 빠져들지 않을 수 없다. 이제껏 이야기의 줄거리를 따라가는 데만 길들여진 독자라면 어느 순간에는 참을성의 한계에 부딪힐 수도 있을 것이며, 설사 이런 도전을 성공적으로 극복했다 하더라도 종종 작품의 설계도면을 놓치기 십상이다. 작가는 줄거리를 포기하기를 강요하다시피 하기 때문이다. 그리고 이것은 독자를 당황하게 하는 가장 큰 요인이 된다. 『불멸』에서 쿤데라는 자신의 소설 미학의 근간을 이렇게 요약한다.

"오늘날, 사람들은 텔레비전 드라마 혹은 만화로 바꿀 목적에서 씌어질 수 있었던 것에 달려들고 있네. 소설에서 본질적인 것은 오직 소설에 의해서만 말해질 수 있고, 그것이 어떤 형태로 개작되었건 각색에서는 비본질적인 것만 남게 되기 때문이지. 오늘날에도 여전히 소설을 쓸 만큼 미친 작가라면, 그리고 자신의 소설을 보호하고 싶다면, 그는 사람들이 그것을 각색할 수 없는 방식으로, 달리 말해서 그것을 이야기할 수 없는 방식으로 써야만 한다네." (301)

한마디로 쿤데라의 소설적 실험에 대한 구상은 거의 모험이라 할 수 있다. 이 작품은 저자의 소설 쓰기 작업의 단면들을 훔쳐보고 또 이를 재구성하도록 허용한다는 점에서도 매우 특이하다. 소설의 화자 '나'가 소설가라는 점은 그런 의미에서 필연적인 설정이다. 그런데 소설 속 작가인 '나'의 소설들의 제목은 실제 작가 쿤데라의 그것과 일치하고, '나'는 심지어 '쿤데라 씨'라고 불리기까지 한다. 그런 까닭에 그 두 인물의 관계는 더욱 모호해져서 『불멸』은 자전적 소설로 보이기까지 한다. 하지만 이 도식을 처음부터 고정시켜버리면 쿤데라의 소설 미학을 제대로 파악하지 못하는 어리석음을 범하게 된다. 두 사람의 관계를 성급히 단순화하기보다는 그런 시도를 '감행'하는 실제 작가 쿤데라의 의도를 따라잡는 것이 보다 흥미롭기도 하거니와, 이 소설, 더 나아가 그의 소설 미학을 광범위하게 이해하는 데 더 유용할 것이다.

『불멸』은 틀소설의 형태를 갖추고 있다. 소설 초두에서 '나'는 친구 아베나리우스를 기다리다가 우연히 마주친 한 여인의 몸짓으로부터 새 소설의 주인공을 만들어낸다. '나'는 이렇게 고백한다.

> 나는 이상하리만치 감동했다. 그때 나의 뇌리에 아녜스라는 단어가 떠올랐다. 아녜스. 나는 지금까지 한 번도 이런 이름을 가진 여자를 만난 적이 없다. (12)

그리고 마지막 장면에서 '나'의 독백은 이렇게 마무리된다.

처음으로 그녀를 상상했던 게 벌써 2년 전의 일이다. 그때 나는 클럽의 긴 의자 위에서 아베나리우스를 기다리고 있었다. 그래서 오늘 난 포도주를 주문했었다. 나의 소설이 끝났기에, 최초의 착상이 떠오른 곳에서 이를 자축하고 싶었던 것이다. (433)

이처럼 소설의 도입부와 마지막 부분은 전체 내용을 감싸는 틀을 이룬다. 이 틀을 양끝에 두고 『불멸』은 모두 일곱 부로 구성되어 있다. '얼굴'이란 제목의 1부에서는 서로 다른 두 현실의 단층들이 번갈아 포개져 있다. 소설가인 화자 '나'의 현실이 펼쳐지는 동시에, '나'의 작중인물인 아녜스와 로라 자매, 그리고 아녜스의 남편 폴과 로라의 애인 베르나르 등이 등장하는 것이다. 이들 네 등장인물은 함께 독자적 줄거리를 엮어나가면서 때때로 화자 '나'의 현실 사이사이에 직접 개입하기도 한다. 이들은 설명할 수 없는 경로로, 아니면 상징적 방식으로 '나'와 아베나리우스를 만난다. 그런가 하면 '나'는 라디오를 통해 흘러나오는 단신에서 자기 소설과 연결되는 접점을 만들어내기도 한다. 예를 들어 '나'가 아침마다 듣는 뉴스의 앵커 베르나르는 '나'의 소설 속 인물로 오버랩된다. 이런 예는 또 있다. 방송을 통해 '나'는 고속도로 위에서 어느 낯선 소녀 때문에 일어난 일련의 사고 소식을 접한다. 이 사고는 곧 '나'의 소설 주인공 아녜스의 죽음과 연관되어 소설 속으로 이입되기도 한다. 이렇게 '나'의 현실과 '나'가 만들어낸 가공의 세계는 정확히 분리된 공간에 고정되지 않고, 서로의 영역을 넘나들면서 『불멸』의 스토리를 엮어나간다. 어쩌면 '나'의 현실이 '나'의 소설의 단초로 이행되는 과정을 암암리에 노출함으로써 한 작가가 소설을 구상하고 작업해나가는 이면을 엿보게 한다고나 할까.

그런데 2부 '불멸'에서는 앞서 1부의 흐름과는 전혀 상관없는 듯 보이는 과거 인물들의 에피소드가 삽입되어 독자를 더욱 당황하게 만든다. 괴테, 나폴레옹, 헤밍웨이, 베티나 폰 아르님, 베토벤, 로망 롤랑, 릴케 등 서구 역사의 한 페이지를 장식하는 이들의 에피소드로 엮인 이야기는 모두 모방이 불가능한 한 편의 현란한 모자이크화나 포스트모더니즘의 패치워크 기법을 연상시킨다. 그러나 역사에 영원히 각인된 위대한 이름 뒤에 은폐된 '비리', 즉 그들의 '불멸에의 의지'는 쿤데라의 예리한 판결을 피해가지 못한다. 철저히 거리를 두는 관찰자에게만 가능한 날카로움이 그의 시선에 서려 있기 때문이다.

앞서 1부와 2부에 등장했던 인물 모두는 3부 '투쟁'에 들어서면서부터 각자가 독립적으로 속해 있던 이야기 단층을 서로 넘나들게 된다. 그리고 이로써 이 복잡한 소설 구조는 극에 달한다. 4부 '호모 센티멘털리스'는 문학과 음악, 인류학, 심리학 등을 망라하는 작가 쿤데라의 해박한 지식을 통해 새로 쓰여진 사회, 역사, 문화 비평이라 할 수 있다. 그런가 하면 5부 '우연'은 쿤데라의 소설 이론을 해명해주는 아주 비중 있는 부분이라 할 수 있는데, 여기서 음악적 구성요소와 소설적 구성요소가 맞물리는 이른바 '대위법적 소설론'이 펼쳐지는 것이다. 이렇게 5부까지 읽어 내려가면서 우리는 종래의 인과적 소설 구성이 상쾌하게 무너져내리는 과정을 목도할 수 있게 된다.

이런 구성을 염두에 두고 다시 한번 소설을 분석해보면, 소설의 서술 층위는 크게 세 가지 단층으로 이루어져 있음을 알 수 있다. 그 하나는 소설 속 소설가인 '나'의 현실로, 소설을 쓰는 과정의 제반 문제들이 여기서 다루어지고 있다. 두 번째 층위는 '나'가 창조해낸 아네스와 로라를 중심으로 하는 이야기, 말하자면 소설 속 소설이다. 마지막으로 세 번째 층위는 앞서의 두 층위처럼 어느 정도 일관성 있는 등장인물과 줄거리 없이 역사 속에 실재했던 다양한 인물들을 둘러싼 수많은 에피소드로 이루어져 있다.

얼핏 이렇게 서로 어울릴 수 없어 보이는 상이한 이야기의 흐름을 자세히 들여다보면, 이들이 어떤 특정한 관점 아래 하나로 엮이고 있다는 사실을 확인할 수 있다. 이 접점이 바로 '불멸'이라는 모티브이자 주제이다. 이 베일이 걷혀야 비로소 쿤데라의 반짝이는 예지와 통찰력이 도드라져 나온다. 그는 결국 불멸을 열망하는 동시에 두려워하는 인간의 야누스적 본능을 대립적 인물 구도를 통해 드러내고자 했던 것이 아닐까? 그리고 여기서 쿤데라의 감각이 담아내는 경험의 폭과 그 섬세한 빛깔은 또 얼마나 다채로운가! 이 끝없이 심각한 '불멸'의 주제는 그가 소설의 형식을 과격하리만큼 깨뜨리는 데서 순간적으로 자기 무게를 잃고 공중분해되는 것처럼 느껴진다. 그가 소설의 등장인물들을 통해 누누히 강조해온 '영혼의 이상팽창 현상'과도 비교될 만하다. 그리고 이것이야말로 과도한 진지함에 대한 쿤데라식 역설일 것이다.

이 '파괴'의 절정에서 6부 '문자반'은 또 하나의 독자적 이야기로 평형을 되찾아준다. 7부 '축복'에서 소설의 완성을 자축하는 '나'는 지금까지 자기 현실에서 접하지 못했던 폴과 로라를 만나게 된다. 이들은 소설 속 인물들과 우연히 이름을 공유하는 어떤 사람들일까, 아니면 분위기가 비슷한 어느 누구일 뿐일까? 이 애매한 상황을 이성적으로 설득력 있게 규정하려는 것은 목하 그리 중요하지는 않은 것 같다. 오히려 우리의 관심을 끄는 것은 '나'를 '나'의 소설 속 인물과 해후하도록 하는 쿤데라의 '황당한' 소설 쓰기 방식이다. 마치 줄타기 춤과 같이 아슬아슬한 글쓰기 작업의 묘기는 대체 어디서 비롯되는 것일까?

새로운 소설 미학의 형식 원리

이 지점에서 독자는 '문학이란 무엇인가'라는 근원적 질문을 다시 떠올리지 않을 수 없다. 우리는 앞서 이 소설의 세 가지 서술 차원에 대해 이야기했었는데, 그중 두 가지가 바로 그 문제와 직접 관련되어 있기 때문이다. 그 하나는 소설의 기법에 관한 것이고, 다른 하나는 문학의 이데올로기와 관련되어 있다. 먼저 첫 번째 문제에 접근해보자.

쿤데라는 크리스티안 샐먼과 함께했던 「예술의 구성에 관한 대담」에서 '소설 후 시대'에 소설이 존재하기 위해 필수적인 프로그램, 즉 반反모방적 소설 기법의 가능성을 세 가지로 압축하여 규정한다. 그 세 가지 가능성은, 첫째, 생략과 압축의 기법, 둘째, 소설적 대위법, 그리고 마지막으로 전적으로 소설적인 에세이다. 첫째 항목인 '근원적 검사'로서의 새로운 기법은 '소설로부터 소설 기법의 자동성과 소설적 장황함을 제거하여 소설을 압축'시키는 것이다. 이는 현대음악가 야나첵에게서 얻은 착상으로서, 전통이 남긴 기법과 관습을 제거함으로써 우회를 피하고 사물의 본질을 직선적으로 추구하려는 의도에서 비롯된다. 『불멸』에서도 예외 없이 이 특징은 두드러진다. 『불멸』은 아녜스 자매를 둘러싼 이야기, '나'의 철학적 독백 및 역사상 실존했던 인물들에 관한 단상들, 루벤스 이야기 등등 보통 소설 한 권으로는 도저히 담을 수 없을 분량과 다채로운 이야기 갈래들을 과감히 압축, 생략하면서 만들어낸 작품이기 때문이다.

두 번째 원칙인 소설적 대위법 내지 다성주의는 음악적 인상이 가장 강하게 작용하는 요소이다. 간단히 설명하자면 음악에서의 폴리포니는 독자성을 유지하는 둘 이상의 멜로디가 동시적으로 전개되면서도 상호간에 완벽한 화성을 유지하는 것을 말한다. 이 음악 기법은 쿤데라에 의해 소설에 적용되면서 기존 소설의 단선적 구성에 대치되는 개념으로 발전한다. 즉 각각의 소리가 평등해야 한다는 음악적 원칙은 일견 독립적으로 보이는 여러 가지 이야기가 동일한 인물이나 줄거리가 아닌, 동일한 주제에 의해 통일성을 이루는 문학적 구성으로 변용되는 것이다.

앞서 소개한 생략과 압축의 기법도 바로 이 소설적 대위법과도 관련되어 있다. 실제로 쿤데라는 5부 '우연'에서 '나'의 입을 통해 이를 설명하고 있다.

> "아베나리우스 교수가 수영풀 속으로 들어서는 바로 그 순간, 아녜스는 알프스 어딘가에서 자동차를 타고 길을 떠났다." 이 우연의 일치를 시적이라고 말할 수는 없어. (……) 그럼에도 불구하고 이는 매우 독특

> 한 우연의 일치이며 나는 이를 ***대위법적*** 우연의 일치라고 부르겠네. 마치 두 개의 멜로디가 하나의 곡 속에서 결합하는 것과 같지. 나는 이것을 어렸을 때부터 알고 있었어. 한 소년이 어떤 노래를 부르고 다른 한 소년은 다른 어떤 노래를 부르는데 그 두 노래가 기막힌 조화를 이루는 거야! (286)

물론 화자가 언급하는 이 두 소년은 독립적이면서도 조화를 이루며 만나는, '나'와 아네스의 서로 다른 이야기 차원을 의미한다고 보아도 무방할 것이다. 이처럼 소설 구조와 음악적 구성이 완벽하게 일치하는 데서 우리는 쿤데라의 기발한 착상을 새삼 확인한다.

마지막으로 전적으로 소설적인 에세이는 소설 바깥의 세계가 사실, 즉 '확인의 영역'이라면 소설은 '성찰의 영역'이라는 차이점에서 착안된다. 소설에는 가설과 유희의 영역이 필수적이며, 소설적 성찰 또한 본질적으로 가설적 의문이라는 것이다. 이에 따라 소설에서는 역설적, 선정적, 실험적, 의문적 어조가 중요해진다. 이 진술은 독자를 어리둥절하게 했던 쿤데라라는 이름의 화자 '나'가 『불멸』의 스토리에 직접 등장하는 황당함을 명쾌히 해명해준다.

> 역사에 대해, 베토벤에 대해, 피카소에 대해 날카로운 일격을 가함으로써 그리즐리에게 도전하여 그의 화를 돋구려 했던 아, 우리의 폴…… 그는 내가 20년 전에 탈고한 소설의 작중인물 야로밀과 혼동을 일으키고 있는데, 나는 다음 장에서 그 소설 한 부를 아베나리우스 교수에게 전

해줄 생각으로 몽파르나스의 어느 선술집에 맡길 것이다. (178)

이처럼 실제의 쿤데라와 오버랩되는 '나'의 등장은 어디까지가 소설이고 어디까지가 그렇지 않은지를 모호하게 만들어버린다. 이는 『불멸』 전체가 아니라 그 일부만이 순수한 의미에서 소설일 수 있다는 느낌을 불러일으킴으로써 에세이적 성격을 강조하기 위한 장치라 할 수 있다.

여기서 아무리 강조해도 지나치지 않는 것은 쿤데라 소설의 형식 미학이 음악에서 착안되었다는 사실이다. 앞서 확인한 대로 그의 소설에서는 더 이상 과거처럼 모방의 원칙에 따라 '존재'가 묘사되지 않는다. 예컨대 역설이나 패러디, 몽환적 서술, 꿈, 유희 등 반反모방의 다양한 기법을 통해 '실존'의 가능성을 탐구하는 틀이 바로 소설이다. 그가 자신을 비롯한 소설가에게서 요구하는 '각색할 수 없는 방식', '이야기할 수 없는 방식'의 소설 쓰기는 구성의 자유로움과 '여담에의 권리', 진지성의 의도적 결핍, 유희정신 등의 메커니즘을 전제로 해서만 가능하다. 엄밀하게 말하자면, 반모방적 소설 기법은 쿤데라 이전에도 존재했었다. 하지만 이러한 소설 쓰기 방식에 쿤데라만의 독창성이 있다면, 그것은 음악적 구성 원칙에 따르고 있다는 점이다.

여기서 덧붙인다면, 『불멸』의 음악적, 실험적 성격이 앞서 세 가지 특성 이외에 건축학적 구성과도 맞물려 있다는 사실이다. 전체를 일곱 부 내지 장으로 나누는 구성적 특성은 쿤데라의 대부분의 소설들에도 공통적이다. 이 구성은 음악의 템포와 소설의 정서를 일치시키는 것이다. 쿤데라가 스물다섯의 나이로 시도한 실내악곡은 자신의 미래의 소설 구조를 예시하는 탁월한 예라고 스스로 고백한 바 있다. 이 작품은 피아노, 비올라, 클라리넷, 북 등 네 가지 악기를 위한 곡으로 일곱 부분으로 이루어져 있다. 그 개개 부분은 형식과 악기 구성에서는 상이하지만 A와 B라는 주제에 의해 통일성을 이루고 있다. 그리고 6부에서는 C라는 새로운 주제가 단 한 번 등장한다는 것이다.

마찬가지로 일곱 부로 이루어진 소설들의 각각의 부에는 번호가 매겨져 있다. 『불멸』의 일곱 부 역시 서로 다른 템포를 가진 음악곡의 일곱 악장에 비교될 수 있다. 그리고 이 다양한 악장들은 '불멸'이라는 통일적 주제로 균형을 이루고 있는 반면, 6부 '문자반'에서는 예외적으로 하나의 새로운 주제가 등장한다. 이렇게 보면 처음부터 줄곧 우리를 혼동시켰던 『불멸』의 소설 기법적 '반란'은 음악에 관한 성찰과 문학적 반성을 두 개의 축으로 하는 새로운 소설 쓰기의 가능성을 제시하는 실례이다.

문학, 그 불멸에의 의지

쿤데라의 신선하고 탁월한 소설 구성이 더욱 의미를 발하는 까닭은 그 형식 실험이 실험 자체로 끝나버리지 않고, 소중한 메시지를 담고 있다는 데 있다. 『불멸』에서 전체 이야기를 관통하는 동일한 주제이자 실존적 물음인 '불멸'은 이러한 구성을 의미 있게 만들어주는 중심축이다. 쿤데라는 인간의 역사가 불멸에의 의지로 움직여지는 어떤 것이

■■ 상단 그림은 클레즈의 〈바니타스〉, 하단 그림은 스코스코프의 〈대大바니타스〉로, 해 아래 새로운 것이 없다는 인식에서 비롯되는 인생의 무상함과 허무를 담고 있다.

라고 규정한다.

첫눈에는 대부분 서로 상관없어 보이는 소설 속 인물들은 어떻게든 '불멸'과 관련되어 있다. 쿤데라는 '불멸'을 소위 '큰 불멸'과 '작은 불멸'로 나눈다. 전자는 역사로 편입되는 불멸을, 후자는 주위 사람들에게 영원히 기억되는 불멸을 말하며, 인간은 이 두 가지 불멸에의 의지를 안고 살아가게 된다는 것이다. 소설의 두 번째 이야기 층위인 소설 속 '나'가 창조해낸 로라는 작은 불멸을 꿈꾸며 죽음을 선택하는 대표적 유형으로 등장한다. 아녜스는 동생 로라의 특이한 행동을 이렇게 설명한다.

> "하지만 걔의 경운 달라요. 그 앤 *떠나버리고* 싶은 게 아녜요. 걔가 자살을 생각하는 건 걔에겐 그것이 *머무르는* 방식이기 때문이라니까요. 그의 곁에, 우리의 곁에 머무는 방식, 우리의 기억에 영원히 기록되는 방식, 최대한 오랫동안 우리의 삶 속으로 덮쳐들어, 우리를 짓뭉개는 방식이라구요." (225)

그런가 하면, 일견 산만하게 나열된 실존 인물들의 다양한 에피소드들은 쿤데라의 역사관을 단적으로 반영한다. 역사적 의미를 지니는 등장인물들은 신으로부터 부여받은 소명감이나 그 어떤 대의명분에 의해서라기보다는 '큰 불멸에의 의지'에 의해 역사의 각 페이지를 장식해왔다는 것이 소설 속에 드러나는 쿤데라의 역사 해석이다.

이 대목에서 역설하고 싶은 것이 바로 쿤데라의 작가관 또는 문학관이다. 그는 '불멸'의 개념을 통해 문학의 존재 의미를 해석해낸다. 그러나 고전적 해석 틀을 따라가기보다는 일종의 도발적 선동을 시도하는 듯 보인다. 이 의도를 관철하기 위해 그가 등장시키는 작가들이 괴테와 헤밍웨이, 로망 롤랑, 그리고 베티나 폰 아르님 등이다.

우선 쿤데라는 19세기 중반의 격동기를 풍미한 독일 여성 작가 베티나 폰 아르님을 거론한다. 그러면서 그녀의 삶의 궤적에서 드러나는 불멸에의 '혐의'를 고발한다. 그녀는 스스로의 노력으로 불멸에의 염원을 실현하는 대신, 타인과의 관계에 기대어 불멸을 추구했다는 것이다. 이에 대한 가장 적절한 증거는 그녀와 대문호 괴테의 관계에서 추적할 수 있는데, 그녀가 사랑하고 그리워한 것은 정작 괴테가 아니라 괴테로 대표되는 불멸의 이미지였다는 점을 역설한다. 자신의 불멸을 위해 타인―여기서는 괴테―의 이미지를 왜곡시킬 수도 있었던 것은 그녀의 자기애적 감정을 표출한 것에 다름 아니라는 말이다.

쿤데라의 다성적 소설 구성에 관해서는 이미 앞서 언급했다. 이 다성주의 구성의 장점은 단편, 르포, 시, 에세이 등 다른 비소설적 장르들까지도 소설 속에 한데 포괄할 수 있다는 것이다. 또한 꿈과 현실을 넘나들면서 허구의 주인공들의 삶을 보다 넓게 표현할 수 있는 가능성이자, 이들로 하여금 실제 역사 속의 인물들과도 교류할 수 있게 하는 방식이기도 하다. 이를 십분 활용하여 쿤데라는 괴테와 헤밍웨이를 사후에 만나게 하는 재치를 보여주기도 한다. 헤밍웨이는 자기 작품의 불멸과 인간 어네스트 헤밍웨이의 의도하지 않았던 불멸 사이에 영원한 소송이 제기되어 있다는 사실에 대해 이렇게 불평을 늘어놓는다.

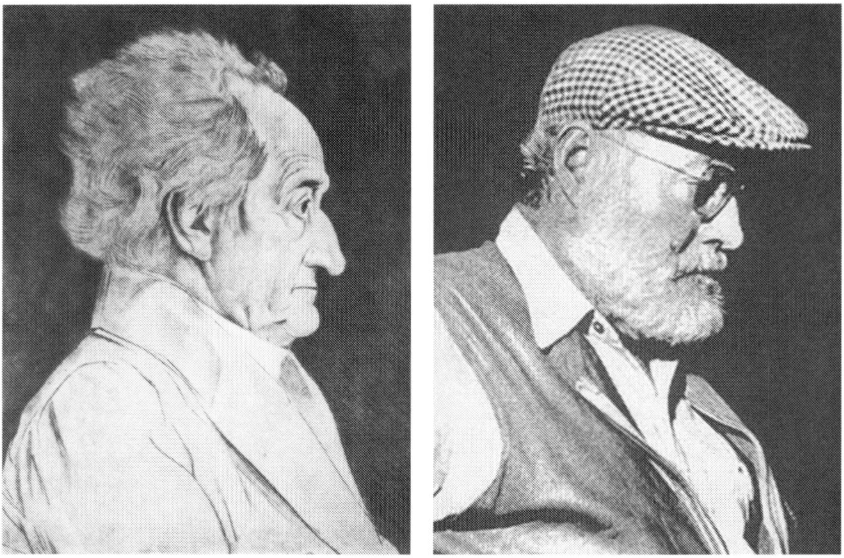

■■ 괴테와 헤밍웨이. 여든을 바라보는 괴테의 모습을 1826년 제버스Ludwig Sebbers가 소묘로 남겼다.

헤밍웨이가 말했다. "이보시오, 요한. 나 역시 그들의 그 영원한 비난에서 빠져나갈 수 없게 된 신세라오. 나의 책을 읽는 대신 그들은 나에 관한 책을 써댑니다. 내가 여편네들을 사랑하지 않았다고도 하고, 아들을 잘 돌보지 않았다고 합니다. (……)"

"어쩌겠소. 그것이 바로 불멸인 걸. 괴테가 대답했다. 불멸은 영원한 소송이라오."

(……)

"난 상상해본 적이 없소. 단지 죽은 뒤엔 좀 조용히 살 수 있기를 바랐을 뿐이지."

"당신은 불멸자가 되려고 온 힘을 기울였소."

"말도 안 돼요. 난 다만 책들을 썼을 뿐입니다.'

"바로 그거요!" 괴테가 웃음을 터뜨리며 말했다. (109)

이 가상의 대화가 적나라하게 보여주듯이, 문학 작품이 실존적이며 필연적인 '무엇'이라는 다소 과대망상적 문학 이해로부터 쿤데라는 한참 거리를 두고 있다. 작품을 쓴다는 것은 큰 불멸을 꿈꾸는 작가의 허영심에서 비롯된 것, 그 이상도 그 이하도 아니라는 쿤데라의 냉소적 평가가 담겨 있다는 말이다. 이로써 쿤데라는 '문학이란 무엇인가'라는 고전적 의제에 대해 포스트모더니즘적으로 대응한다. 그는 이 엄청난 무게를 지닌 질문에 대해 소설 장르의 형식 실험으로 답하는 것이다.

불멸의 문제는 비단 문학의 차원에만 국한되지 않고, 인류 역사에도 광범위하게 적용된다. '권력에의 의지'가 19세기적 역사관의 한 측면이라면, 『불멸』에 나타난 '불멸에의 의지'는 '권력에의 의지'의 20세기적 변형으로 보인다. 그리고 쿤데라는 타인과의 대립이나 줄다리기에 다름 아닌 이 불멸의 역사를 '역사에의 횡포'라는 이름으로 규정하면서, 풍자적으로 나직이 꾸짖는다. 더 이상 참아낼 수 없는 신산한 현실의 무게를 '견딜 수 없는 존재의 가벼움'의 이미지로 일구어낸 쿤데라 특유의 역설적 개념이다. 그는 지금까지의 인류 역사는 그 한 갈피에 자신의 이름을 각인한 특정 소수만의 역사였다는 점을 꼬집으면서, 새로운 역사의 좌표를 제안한다. 역사는 불멸에의 의지를 가진 이들 소수에 의해서가 아니라 다수에 의해 규정되어야 한다는 반성을 부각시키는 것이다.

결국 소설 『불멸』은 '불멸'이라는 하나의 개념과 이미지만을 묘사하는 데 국한되지 않는다. 여기서 쿤데라는 과도하게 포장되고 강요되어 온 모든 절대적인 것을 상대화시켜야 할 필요성과 정당성을 대변하고 있다. 그러나 쿤데라는 궁극적으로는 '형벌'로 이해되는 불멸에의 욕망을 포기하지 않았던 자기중심적, 자아도취적 영웅들에 대한 풍자 이면에서, 그들에 대한 쿤데라 자신의 비판 자체를 상대화시킨다. 그렇기에 그의 예리한 아이러니의 메스 사이사이로 따스한 동정과 연민이 묻어날 수 있는 것이다.

이렇게 볼 때, 소설은 작가가 실험적 자아를 통해 실존의 중대한 주제를 끝까지 탐사하는 위대한 산문 형식이라고 역설했던 쿤데라는 자신이 소설로부터 요구하는 것을 가장 근접하게 실현한 이 시대의 작가이다.

소설가들은 자신의 생각을 커다란 주제로 삼지 않는다. 그는 더듬거려가며 실존의 알려지지 않은 측면을 밝혀보려고 애쓰는 발견자이다. 그는 자신의 목소리에 매혹되는 것이 아니라 그가 추구하는 형식에 매혹되며, 그의 꿈이 필요로 하는 요구에 부응하는 형식만이 그의 작품을 이룬다.

밀란 쿤데라, 『불멸』, 김병욱 옮김, 청년사, 1995.

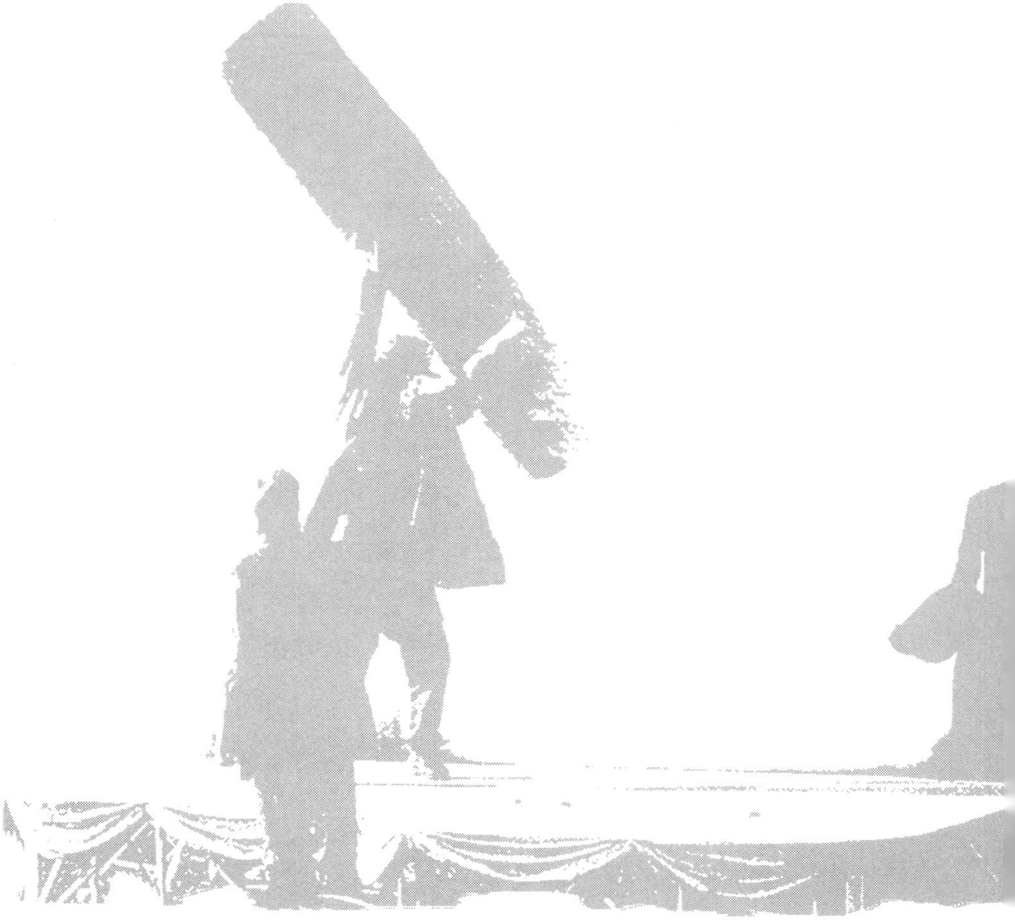

:: 페터 한트케의 드라마 「관객 모독」

더 이상 모독당하지 않는 '오늘날'의 관객을 위하여

누군가 두 시간 내내 아무런 대꾸도 허용하지 않고 일방적으로 말을 건네는 상황이 실제로 벌어진다면, 사람들은 보통 어떤 반응을 보이게 될까? 오스트리아의 소설가이자 극작가 페터 한트케의 드라마 「관객 모독」은 이런 가정을 무대 위 현실로 우리 눈앞에 펼쳐 보인다. 의도에 따라 만들어진 무대 세트와 분장 배우 대신에 전혀 예상치 못한 상황이 관객을 기다리고 있는 것이다. 이른바 '사건'이 펼쳐져야 할 연극 무대에서는 배우, 관객, 시간과 공간 등 연극을 구성하는 여러 가지 요소들에 대한 이런저런 생각들이 언어가 되어 난무한다. 그러다 마침내 관객에게 욕설을 퍼부으면서 배우들이 퇴장하는 것으로 끝을 맺는 이 엉뚱함이란……

페터 한트케가 실험적, 전위적 작가로 세간의 이목을 집중시킨 계기는 1966년 불과 스물넷의 나이로 주류 전후 작가들의 모임인 〈47 그룹〉

■▒ 시, 소설, 드라마, 방송극, 영화시나리오 등 다양한 장르에서 활동한 작가 한트케. 특히 독일 출신 영화감독 빔 벤더스와 공동으로 시나리오 작업을 한 영화 〈베를린 천사의 시〉는 칸 영화제에서 감독상을 수상하여 더욱 화제를 모았다.

의 회합에서 기존 저명 작가들을 맹렬히 비판하면서부터다. 그리고 같은 해 발표된 「관객 모독」 역시 젊은 극작가의 호기로움을 충분히 확인시키고도 남을 만한 착상으로 주목을 끌었다. 떠들썩한 지껄임과 요란한 욕지거리, 배우들끼리의 독백 같기도 하고 관객에게 퍼붓는 욕설 같기도 한 모호한 대사들, 이런 상황에서 속수무책으로 황당해하는 관객들, 박수갈채…… 과연 이 모든 '소동'이 관객이라는 집단을 염두에 두기나 한 것인지. 카오스라 해도 지나치지 않을 무대를 눈앞에 둔 관객들은 심난하다.

「관객 모독」은 시작부터가 심상치 않다. 전통극의 서막의 위치에는 소위 '배우들이 지켜야 할 규칙들'이 '네 사람의 화자들'이라는 소제목 아래 자리잡고 있다. 성당에서 기도문 낭송하는 소리, 야유와 욕설이 난무하는 축구장의 함성, 레미콘 차가 시동 거는 소리, 기차가 떠나고 도착하는 소리 등을 주의 깊게 들을 것, 그리고 자전거 바퀴살의 움직임과 조폭 두목의 표정, 건달의 몸짓 등을 살펴볼 것을 권한다. 그런데 이런 것들은 특별한 의미를 가지는 개별 대상이라기보다는, 배우들의 일상에서 너무나 당연한 것이어서 쉽게 놓쳐버리는, 그러나 특별한 영감을 줄 수도 있을 몇 가지 실례에 불과하다. 다른 말로 하면 나열된 이 '규칙들'은 특이하게도 「관객 모독」이라는 특정 연극에 관여하는 배우만이 아닌 배우 모두를 위한 아주 일반적인 지침으로 보이는 것이다.

그런데 애매한 시작은 이번 한 번만으로 그치지 않는다. '규칙들'에 이어지는 긴 '지문'을 살펴보자.

> 관객들은 극장에 들어오게 되면 으레 작품이 상연되기 전까지는 극장 나름의 익숙한 분위기를 기대한다. 막 뒤에서 나는 하찮은 물체의 소리나 의미 없는 소리를 듣고도 그것이 무대장치를 위해 밀고 끌어당기는 소리로 착각한다. (……) 배우들은 객석을 향해서 말을 하지 않는다. 따라서 아직 관객이 귀를 기울일 필요는 없다. (7-8)

사전적 의미에서 지문은 배우들의 몸짓이나 무대 배치 등 작품 자체와 관련된 대상들에 대한 지시이다. 그런데 인용된 지문은 정작 필요한 정보 대신에 무대 바깥에 있는 관객의 일반적 태도 또는 익숙한 습관을 끌어들이고 있다. '관객에 대한 지문'이라고 토를 달아야 할 정도의 예외를 보여준 후에야 지문은 원래의 기능을 되찾아 평범한 틀에 적응하는 듯 보인다.

> 아직 배우들의 안중에 관객은 없다. 무대 앞으로 나오는 동안 그들은 입술을 움직인다. 그들의 말은 차차 알아들을 만하게 되며 점점 커진다. 그들이 퍼붓는 욕설들이 서로 엇갈린다. 배우들은 제멋대로 두서없이 지껄인다. 그들은 서로 상대방의 말을 받아서 말한다. (……) 마침내 다 같이 같은 한 낱말을 말하게 된다. 그들이 이 서막에서 할 말들은 다음과 같다. (순서는 염두에 둘 필요가 없다.) (8)

위 지문은 배우의 행동을 지시하면서도, 이 작품이 앞으로 보여주려는 것을 어느 정도 노출한다. 즉 연극이 '두서없는' 또는 두서없이 보이는 말로 이루어져 있다는 것이다. 그런데 이어서 배우들이 서막에서 늘어놓는 말들이란 놀랍게도 욕설이다. 난데없이 아주 잠깐 심란한 욕설이 화자들 사이에 난무한다. "이 바보들아, 이 어릿광대들아, 이 눈딱부리들아, 이 가련한 놈들아, 이 따귀 맞을 놈들아, 이 허수아비 같은 놈들아, 멍청한 놈들아."

이 황당한 욕설은 대체 누구를 향한 것인가? 인용된 부분만으로는 이 말이 배우 자신을 겨냥한 것인지, 아니면 관객들을 겨냥한 것인지 아직 분명히 드러나지 않는다. 그러나 다음 순간, 아무런 맥락 없이 네 명의 화자는 곧장 말투를 바꾸어 정중히 인사를 건넨다. 그리고 관객을 상대로 "여러분을 환영합니다"라는 말로 명목상의 '대화'를, 그러니까 일방적인 말 걸기를 시작한다. 그들이 이 작품에서 관객들에게 주고자 하는 바 '어긋날 기대'를 직설적으로 쏟아놓는 것이다.

> 이 작품은 서두에 불과합니다. 여러분이 일찍이 듣지도 못했던 걸 여기서 듣게 되리라는 기대는 마십시오. 또한 보지 못했던 걸 보게 되지도 않을 겁니다. (……) 여러분은 뭔가를 기대했겠죠. 아마도 사건을 기대했을 겁니다. 또는 아무 사건도 기대하지 않았는지 모릅니다. (……) 그런 여러분의 기대는 빗나갔습니다. (8-9)

이쯤 되면 영리한 독자 또는 관객이라면 이 연극에서 중요한 것은 따로 있다는 걸 간파할 것이다. 이 연극은 보는 게 아니라는 것, 그래서 관객이 앞으로 보게 될 것은 형상이 없는 그런 연극뿐이라는 얘기다.

여기까지만 보아도 이런 형태의 극은 우리에게 충분히 낯설고 불편하다. 어느새 관객이 왕이 되어버린 이 자본주의 시대에 왜 하필 '왕'의 기대를 저버리려는 희한한 생각이 한트케에게 떠올랐던 것일까?

'문학 개론'을 접해본 이라면 누구라도 이 대목에서 브레히트의 '낯설게 하기'라는 개념을 떠올릴 수 있을 것이다. 이는 별 의식 없이 받아들여온 익숙한 사회적 습관들을 낯설고 생소한 것으로 무대 위에 드러내어 의문시하기 위해 고안해낸 기법이었다. 하지만 이미 포스트-브레히트 시대를 살아가는 우리에게 낯설게 하기 기법은 더 이상 낯선 시도가 아니다. 그럼에도 불구하고 작가 한트케는 이데올로기적 무게를 지닌 과거의 낯설게 하기와는 다른 방향으로 낯설음을 연출한다.

우선 한트케의 낯설게 하기는 연극의 모든 극적 구성과 수단을 배제한 채 오직 언어를 통해서만 수행된다. 끊임없이 쏟아져나오는 화자들의 말은 서로 뒤엉키면서 긴장감을 더한다. 그렇게 슬그머니 관객들의 집중을 전에 없이 '강요'한다. 무대 위를 전광석화처럼 떠다니는 과격한 말들에 '억지춘향'식으로 매달려, 관객은 끊임없이 생각하지 않을 수 없는 야릇한 상황으로 빠져들게 되는 것이다.

> 여기에는 막간 휴식도 없고 여러분의 심금을 울려줄 만한 사건도 없습니다. (……) 우리가 여러분에게 보여주는 거라곤 아무것도 없습니다. 우린 어떤 운명을 상연하는 것도, 현실의 일부를 상연하는 것도 아닙니다. (……) 우리는 다만 여러분에게 말을 건네면서 상연하는 겁니다. (10)

어떤 제스처와 표정, 극적 행위, 그리고 줄거리도 없이 언어 그 자체가 연극이 된 연극, 이런 연극 상황을 한트케는 '언어극Sprechstück'이라는 개념으로 설명해낸다. 언어극은, '보는' 연극의 의미가 내재된 개념인 '연극Schauspiel'과는 차별화된 개념으로 도입된다. 보여주는 대신에 말을 하고, 보는 대신 듣는 것이다. 말하자면 기존 연극에서 매우 중요한 요소 중 하나인 시각은 최소화되는 반면 언어의 기능과 효과는 극대화된다. 그렇게 해서 보여주고 또 보려는 욕망을 배제하는 '이미지가 없는 연극Schauspiel ohne Bilder'이 만들어진다.

연극의 개념이 달라지면 배우들의 역할도 달리 규정될 수밖에 없다. 이들은 어떤 대상을 묘사하는 매개체가 아니라 다만 '우리들 자신'일 따름이며 말을 할 뿐이다. 보여주는 것도 없고 모방된 것도 없으며 '현재', '이곳'만을 그대로 드러내는 무대, 이것이 한트케가 표방하는 언어극의 무대이다. 여기선 관객의 환상이 자리를 잡지 못한다. 한마디로 기존 연극이 아리스토텔레스의 모방 이론에 기초하고 있다면, 한트케의 언어극은 여기에 정면으로 대치된다. 그리고 이렇게 해서 언어극은 '반反연극'의 개념으로 넘어간다.

관객을 '최면'에서 깨어나게 하다

이쯤에 이르러 앞서 지적했던 '낯설게 하기' 의도를, 즉 관객의 꿈을 여지없이 깨뜨리려는 한트케의 '짓궂음'의 이유를 다시 한번 상기할 필요가 있다. 이런 방식으로 '전복'을 꾀하는 한트케의 의도는 과연 어

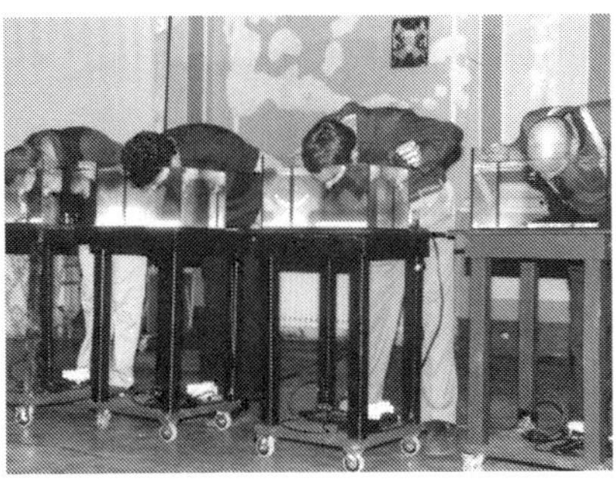

〈관객 모독〉은 보여주는 대신 말을 하고, 보는 대신 듣는 것을 컨셉으로 하는 '언어극'이다. 여기서는 시각의 기능이 최소화되는 반면 언어의 기능과 효과는 극대화된다는 말이다.

디 있는 것일까? 이 문제를 제기할 때 먼저 시야에 들어오는 건 '관객' 이다. 작가는 '관객 모독'이라는 타이틀에서부터 이미 '관객'을 지목하고 있지 않은가 말이다. 더 나아가 그는 앞서 인용된 첫 지문에서도 관객의 반응에 대해 '심상치 않은' 언급을 할 뿐 아니라, 시종일관 관객을 향한 말걸기로 연극을 진행해나간다.

> 여러분은 그 무엇입니다. 즉 연극을 보러 온 관객입니다. 관객이 갖는 관심 이외에 다른 관심은 없습니다. 여기서 여러분은 연극 관람인으로서의 표본입니다. 여러분의 인격은 중요치 않습니다. 여러분은 단수가 복숩니다. 여러분의 얼굴은 같은 쪽을 향해 있고 모습은 단정합니다. 같은 걸 듣고 같은 걸 보고 있습니다. (13)

인용문은 평균치 관객이 연극에 동반하는 기본적인 태도를 언급한다. 하지만 조금 각을 세워 다시 읽으면, 객관적 평가를 가장하여 오늘날 관객의 행태에 이의를 제기하는 것처럼 들린다. 관객은 일종의 무비판적 집단으로만 존재할 뿐, 주체의식을 가진 개인이 아니라는 말이다. 그리고 그런 관객의 반응은 창조적 개성이 아닌 연습된 획일성으로 규정될 수밖에 없다. '훈련된' 관객의 습관적 수동성은 감정이입과 카타르시스를 최대 미덕으로 내세워온 과거 연극의 전통과 맥을 같이한다. 극적 사건에로의 몰입은 개체의 사고를 애초부터 차단하여 눈에 보이는 현실에 대한 비판적 거리를 원천적으로 불가능하게 하는 메커니즘을 만들어낸다.

일견 관객에 대한 중립적 '견해'로 보였던 처음의 진술은 아래 인용문을 덧붙여 읽으면 점차 관객의 습관에 대한 비판으로 확인된다.

> 여러분은 이미 훈련이 되어 있었습니다. (……) 내용에 따라 관찰하고 추구하며, 사건이 일어나게 놔둡니다. (……) 여러분은 독백과 대화로 현재처럼 보이는 과거를 바라보고 계십니다. 여러분은 이미 완결된 사건들을 대하도록 자신을 내버려두고 있습니다. 또한 포로가 되도록 내버려두고 있습니다. (……) 여러분은 생명 없는 공간을 바라보고 계셨습니다. 그건 사라져버린 시간을 체험한 거고 생명감 없는 언어를 들으셨던 겁니다. (26)

바로 이 지점에서 「관객 모독」이 언어를 통해 펼치는 실험의 의도가 차츰 드러난다. 관객과 아무 상관없이 무대에서 하나의 역할로만 존재하던 기존의 배우는 이 극에서 관객을 향해 직접 말을 거는 화자다. 그리고 그 말을 받는 관객 역시 단순히 눈앞에 펼쳐지는 대상에 몰입되는 수동적 존재가 아닌 잠재적인 대화 상대자로서 점차 능동적인 존재가 되어간다. 이렇게 보면, 언어는 배우가 관객에게 감정을 직접 전달하면서 가까워질 수 있게 하는 방편이다.

그리고 이처럼 '대화'를 통해 자연스럽게 무대와 객석 사이, 배우와 관객 사이의 거리가 좁혀지면서, 새로운 관객과 새로운 배우의 좌표가 재설정된다. 이 의도에 부응하듯, 배우는 관객을 향해 이렇게 외친다.

> 여러분은 우릴 위해 있는 공기와 같은 존재가 아닙니다. 지금 거기 있다는 것만으로도 여러분은 우리들에게 매우 결정적 존재가 됩니다. 여러분이 없다면 우린 허공에 대고 말을 하는 셈이 되니까요. (……) 또한 이 세상에 우리만 존재하는 것처럼 행동하지도 않습니다. 오로지 여러분을 계몽키 위해서만 우리가 이렇게 설명하는 것은 아닙니다. 또한 여러분을 계몽키 위해 어떤 요령을 필요로 하지도 않습니다. 우리에겐 등장도 퇴장도 필요 없으며, 우리가 여러분에게 들려줄 얘깃거리라곤 없습니다. (……) 다만 여러분 스스로가 연극을 만든다는 사실만은 틀림없습니다. 여러분은 우리의 목적이며 또한 적수이기도 합니다. (14-15)

관객이 배우와 더불어 연극을 꾸려나간다 함은 일방적 우열 관계에서 벗어난 균형적인 관계, 다른 말로 하면 무대와 관객의 통일 내지 상호성을 의미한다. 그리고 자신의 현재 위치를 확인하게 된 지금, 관객은 스스로 그 시간의 주인이자 연극의 주제가 된다. 한트케 역시 관객은 상연의 주체인 동시에 대상이 되며, 스스로 문제를 만드는 동시에 해결하기도 한다고 힘주어 말한다.

이제 앞서 제기했던 질문 '왜 낯설게 하는가'에 대해 이렇게 답해볼 수 있지 않을까? 이 드라마를 통해 한트케는 '보여주는' 과거 연극의 특성을 우회적으로 비판하면서 '언어'를 대안으로 제시한다. 그리고 연극의 최면술에 무감각하게 노출되었던 관객이 바로 이 언어를 통해 자기 자신의 '정당한' 역할에 대해서 각성하기를 촉구하는 것이다.

‘네 번째 벽’이 허물어지다

관객을 둘러싸고 일어나는 변화는 다른 연극적 요소들과도 깊이 연관될 수밖에 없다. 그것은 다름 아닌 ‘시간’과 ‘공간’ 개념이 동시에 수정된다는 것을 의미한다. 배우가 관객에게 직접 말을 걸 수 있도록 구상된 이 드라마에는 별도로 꾸며진 인위적인 무대가 존재하지 않는다. 소위 배우의 공간인, 그래서 ‘우월’하달 수도 있을 무대와 관객의 공간인 ‘열등한’ 객석 사이의 인위적 경계가 아예 없다. 배우와 관객이 대등한 공간에 존재하는 가운데 배우는 비록 일방적이라 하더라도 대사를 이어나가는 것이다. 그리고 그렇게 하는 이유까지도 친절하게 설명해준다.

> 이 공간은 다른 공간으로 기만되지 않습니다. 여러분 쪽으로 열려 있는 이 면은 어떤 집의 네 벽 중 한 벽이 아닙니다. 새삼 세상을 열어 보일 필요가 없습니다. 내부를 보여주는 문도 볼 수 없죠. 옛날 연극에 나오는 양쪽 문도 볼 수 없고, 슬쩍 나가는 뒷문도 없습니다. (14)

기존 연극에서 소위 ‘제4의 벽’이 관객과 무대 사이의 공간에 남아 그들의 교류를 막고 있었다면, 한트케의 드라마에는 벽이라는 것이 아예 없다. 이 대목은 다시 한트케와 브레히트의 공감대를 확인시켜준다. 무대는 지금 이 순간 관객이 현실로 목도하는 공간 이외의 다른 공간이 아니다. 어떤 다른 공간을 표현하기 위해 ‘속임수’를 쓴 그런 공간이 아니라는 말이다. 공간을 통일시킴으로써, 즉 같은 공간에 존재하게 된 배우와 관객은 같은 공기를 숨쉬는 '평등한' 존재로 거듭난다. 이런 대등한 관계는 달라진 조명 배치에서도 잘 드러난다.

> 여러분은 방어 상태 속에 있지도 않고, 더 이상 어두운 곳에서 밝은 곳을 바라보는 유리한 입장에 놓여 있지도 않습니다. 우리 또한 밝은 곳에서 어두운 곳을 바라봐야 하는 불리한 입장에 놓여 있진 않습니다. 여러분을 응시하기도 하고 우리가 응시되기도 합니다. 이런 식으로 여러분과 우린 차차 하나의 통일체가 되어갑니다. (9)

한트케의 공간 개념이 새로운 위치를 찾는다면, 같은 맥락에서 시간관의 변화는 예견된 수순일 뿐이다. 전통 극에서 시간이란 작품 속에 존재하는 과거의 시간이었다. 그 때문에, 이 시간—즉 상연된 시간 또는 스토리 내용의 시간—은 관객이 인지하는 시간인 상연(하는) 시간과 차이가 날 수밖에 없었다. 그러나 「관객 모독」에서는 이 두 상이한 시간의 괴리는 존재하지 않는다. 여기서의 시간은 이른바 '절대적 현재'로 정의할 수 있을 것이다. 이러한 '동시성'의 시간 개념은, 다소간 상이한 맥락이기는 하지만, 최소한 소설 장르에서는 훨씬 이전에 도입되었다. '의식의 흐름' 기법에서 보듯이 말이다. 하지만 뭔가 '구체적'인 이야기 구성이 필수적이라 여겨져 왔던 연극 무대에서의 절대적 시간 개념은 참신한 발상이 아닐 수 없다. 그리고 이 '동시적' 시간은 당연히 반복될 수 없는 일회적인 시간이다.

여기서는 이미 일어났던 사건을 반복치 않습니다. 다만 현재가 있을 뿐입니다. 오로지 지금이 있을 뿐이고, 단 한 번밖에 없습니다. 우린 어떤 연극적 시간을 연기하는 게 아니므로 시간도 연기하지 않습니다. 여기서의 시간은 언어의 물결을 타고 사라집니다. 시간이 반복될 순 없습니다. 여기서의 연극은 반복될 수 없으며, 그러기에 우린 미리 연습도 하지 않습니다. 여기서의 시간은 여러분의 시간이고 시간적 공간도 여러분의 겁니다. (……) 우리가 서 있는 무대 위의 시간과 여러분이 앉아 있는 객석의 시간은 같습니다. 이 시간은 말과 함께 사라지고 있습니다. (17-18)

무대 위의 시간은 무대 밖, 즉 관객의 시간과 단절된 시간이 아니다. 이 사실은 두 세계가 분리될 가능성을 당연히 배제한다. 배우들은 통일된 시간이 흐르는 동안 말하고 있을 뿐이며, 그런 시간의 흐름으로 구성된 작품이 「관객 모독」이다. 이렇게 열린 시간 개념과 열린 공간 개념을 통해 한트케의 연극은 기존 연극을 지배해온 인위적인 무대 질서를 훌쩍 넘어선다. 인생과 연극을 동일시해온 연극의 전통을 파기하고, 인생은 인생, 연극은 연극일 뿐이라는 새로운 질서를 내세운다.

(……) 지금 이곳 무대 위엔 질서가 없습니다. 사물의 위치 표시를 위한 분필 자국도 없습니다. (……) 여러분의 좌석과는 대조적으로 이곳 무대 위엔 아무것도 제자리에 놓여 있는 게 없습니다. 이 무대는 세상이 아닙니다. 이 세상이 무대가 아닌 것처럼. (20)

그렇다고 이 '무질서'로 인해 무대 위 세계가 우리가 생각하듯이 완전히 공중분해되는 것은 아니다. 「관객 모독」에서 정말로 중요한 이슈는 무대를 풍비박산 내는 것이 아니라, 앞서 말했듯이 무대와 실제 세상이 동일하지 않다는 사실을 강조하는 일이다. 그래서 배우까지 포함하여 무대 위 사물에는 어떤 소도구로서의 역할 또는 어떤 다른 것을 제시하는 부차적 역할이 주어지지 않는다. 그렇다면 이렇게 거부되는 전통 극에서는 대체 무엇이 문제란 말인가? 이 질문에는 조금 후에 다시 돌아가기로 하자.

현실 재현을 거부하는 배우들은 또 이렇게 열변을 토한다. 그들은 아무런 감정도 전염시킬 생각이 없다는 것, 그 어떤 감정도 육체화하지 않으며 울지도 웃지도 않으리라는 것을 말이다. 그리고 감정과 사건의 자리에 '언어'를 가져다 놓는다는 말도 잊지 않는다.

> 우린 말만으로 표현합니다. 우린 우리 자신을 표현하는 게 아니고 작가의 생각을 표현합니다. 우린 말을 하면서 표현합니다. 말은 곧 행동입니다. 우리의 말을 하면 우리는 연극적이 됩니다. 우리가 한 극장에서 말을 하기 때문에 연극적이 되는 겁니다. 우리가 여러분들에게 얘기하는 동안, 계속 시간에 관해, 지금에 관해, 바로 이 순간, 이곳의 순간에 관해 말을 함으로써 우린 시간과 장소와 극적인 행위를 염두에 두고 있는 겁니다. 이 세 가지의 통일 원칙을 여기 이 무대 위에서만 생각하는 건 아닙니다. (22)

관객과 배우가 공유하는 시간과 공간, 그리고 배우의 계속되는 말걸기를 통해 그들이 함께 만들어내는 극적 행위를 한트케는 '삼통일'의 개념으로 덧입힌다. 이 개념은 17세기 프랑스 고전주의자들이 주장한 삼일치의 원칙과는 근본적으로 상이하다. 시간과 장소, 행위라는 세 개념 내지 표현만 빌려왔을 뿐, 그 적용 범위는 완전히 다르다. 고전주의 연극의 경우 하루 스물 네 시간 안에 한 장소에서 일어나는 하나의 줄거리를 다룸으로써 연극의 개연성을 최대한으로 추구한다. 반면 한트케는 관객과 배우 사이의 경계 허물기로 그 차원을 달리해버리는 것이다. 말하자면 차용된 삼통일의 개념으로 그는 무대 위 시간과 무대 밖 시간의 일치, 배우와 관객의 공간의 일치, 그리고 배우와 관객의 공동의 행위를 설명한다. 이로써 오히려 연극이 현실을 모방할 가능성을 차단하고, 이로써 고전극 자체를 패러디한다. "(……) 이런 세 가지 요소를 합하여 우리는 시간과 장소와 극적 행위의 일치라고 말할 수 있겠습니다. 그러고 보니 이 작품은 아주 전형적인 고전 형태의 희곡 작품이라 하겠군요"라고 말하면서. 그리고 친절하게도 이런 아이러니의 이유까지도 숨기지 않고 선뜻 보여준다.

왜 관객을 조롱하는가

그렇다면 한트케식 아이러니의 본질은 어디에 있을까, 채 묻기도 전에 작가는 이런 답변을 던져주고 있다.

> 여러분은 아마 우리가 뭔가 애써 부정하려고 한다는 걸 아셨겠죠. 우리가 반복하고 있고 우리 자신에게 항변한단 사실도 깨달았을 겁니다. 극장과 연극을 분석하고 있단 사실도, 또한 이 작품이 변증법적으로 구성되어 있단 사실도 아셨을 겁니다. 아울러 이 작품의 항변적인 기질도 발견하셨겠죠. 이 작품의 의도도 파악하셨을 거고, 무엇보다도 부인하려는 게 우리의 의도임을 느끼셨을 겁니다. (16)

한마디로 작가는 연극의 철저한 자기 부정을 염두에 두면서, 관객에게 봉사하는 연극을 포기하고 그 대신 관객에 대한 모욕을 선택한다. 그리고 모욕을 하는 것도 관객과 이야기하고 가까워질 수 있는 방법이기 때문이라는 말까지 덧붙인다. 모욕을 당할 때 관객은 비로소 배우의 말을 경청하게 된다는 논리다. 그러면서 이제껏 '최소한의' 예의를 갖춘 설명을 곁들이던 무대에 비로소 작품 제목이 무색하지 않을 만큼 제대로 된 모욕의 상황을 등장시킨다. 물론 어느 순간 슬그머니 배우들의 말투는 존댓말에서 반말로 넘어간다.

> 모욕을 받아 몸이 빳빳하게 굳어지는 여러분의 모습이 보입니다. (……) '너'라는 말 자체가 이미 모욕적인 거고 보면, 우린 서로 '너'니 '나'니 하고 말할 수 있습니다. 우리가 비방하는 것의 주제는 바로 너희들이다. 너희들 멍청이들은 우리의 말에 귀를 기울일 거다. (33-34)

무대는 지금까지 이성을 가장해온 언어를 벗어나, 관객에 대한 '예기치 않은' 모독으로 엉망진창이 되어버린다. 동시에 비교적 차분히 대응해오던 관객들 역시 이런 난데없는 '언어 공격'에 황당해진다. 반말이 난무하는 가운데 객석까지 포함하여 무대는 순식간에 어수선해진다. 문화인임을 자처하면서도 아무런 주체의식 없이 극장을 드나들던 관객들, 이 관객 집단을 향한 악담으로 연극을 마무리하려는 듯, 끝으로 갈수록 화자들은 심지어 과격한 욕설까지 퍼붓는 것이다. 반어적 문장을 사용하여 관객들을 비꼬는 것은 물론, 언어의 규칙을 파괴하는 일도 꺼리지 않는다. "(……) 이 약은 놈들아, 똑똑한 바보들아, 인생의 찬미자들아, 이 신사숙녀라고 자칭하는 자들, 너희들, 문화계의 명사라는 너희들, 약방의 감초 같은 너희들아"라고 말이다.

그러고는 언제 그랬냐는 듯 시침을 떼고는 다시 존대어로 돌아와 깍듯이 작별인사를 한다. 거의 정신분열적인 모습이다. "여기서 환영을 받으셨습니다. 감사합니다. 안녕히 가십시오."

이어지는 지문은 객석의 변화를, 이른바 '모욕당한' 관객들의 일정한 반응을 예시적으로 알려준다. 그리고 막이 내림과 동시에 다시 열리게 하는 것, 이것은 배우와 관객이 허물어진 '네 번째 벽'을 재차 실감하게 하는 특별한 장치에 다름 아니다.

> 즉시 막이 내린다. 그러나 관객은 아랑곳하지 않고, 막은 다시 열린다. 네 사람의 배우는 누구도 주시하지 않은 채 관객을 향하여 서 있다. 스피커를 통해 관객에게 요란한 갈채가 보내지고 거친 휘파람소리도 보내진다. 혹은 관객의 반응을 비트 음악에 맞춰 녹음했다가 스피커를 통

해 다시 보낼 수도 있다. 관객이 퇴장할 때까지 귀가 멍할 정도의 요란스런 울부짖음과 떠들썩한 소리가 들린다. 그러고 나서야 비로소 최종적으로 막이 닫힌다. (37-38)

애당초 '모욕'을 예정하고 있던 작가 한트케는 극의 결말 부분에서 모독의 이중적 의도를 이미 모두 노출한 바 있다. 욕설도 모욕도 관객과 소통할 수 있는 하나의 방법이며, 그렇기 때문에 관객 역시 이를 감수할 수 있을 거라는 기대감까지도 표시했었다. 비방은 어떤 매개체를 거치지 않고 감정을 직접 전달할 수 있기에, 상대에 대한 벽을 허물고 가까워질 수 있는 방편이라는, 부분적으로 수긍할 수 있는 논지다. 그런데 이런 욕설의 설정이 일정한 센세이션을 일으킨 이유는 이것이 사적 영역이 아니라 공적인 무대에서 일어났다는 데 있다. 그리고 "여러분을 모욕하는 게 아니고, 여러분이 말하는 모욕적 언사를 사용할 뿐입니다. (……) 미리 경고를 받았으니까, 모욕을 받아도 감당할 수 있을 겁니다"라는 방어막을 치는 것까지도 잊지 않는다. 관객으로서는 감당할 수밖에 없는 '애교'다. 231

이즈음에 이르면 존 케이지의 퍼포먼스 「초연Uraufführung」이 머릿속에 오버랩된다. 「관객 모독」과는 정반대로 이 작품의 무대 위에서는 정말 아무런 일도 일어나지 않기 때문에 대대적인 센세이션을 일으켰었다. 케이지가 원고를 들고 무대 위에 등장한다. 관객들은 기대감에 넘쳐 조용히 기다린다. 시간이 흐른다. 계속 흐른다. 그래도 그는 아무런 행동도 하지 않는다. 관객들은 조금씩 몸을 움직이거나 헛기침을 하기 시작한다. 시간이 더 흐른다. 이젠 일어나서 나가는 사람도 이따금씩 보인다. 그러다 모두가 자리를 떠버리는 지경에 이르자, 케이지도 서서히 무대를 떠난다. 아무 일도 일어나지 않는 무대를 바라보는 관객들의 순차적인 반응이야말로 작품의 핵심이었던 것이다. 그렇다면 이 작품에서도 역시 관객을 '모독'하려는 일련의 시도가 숨어 있지는 않았을까? 같은 맥락에서 구체시Konkrete Poesie를 떠올려본다. 구체시란 언어가 가진 '의미'의 차원보다는 시각적, 청각적 '물질성'을 부각시키는 시를 일컫는다. 이런 유형의 시도들은 기존 예술에 대해 반기를 든다는 뜻에서 한트케의 실험정신과 맥을 같이하고 있다고 볼 수 있을 것 같다.

일차적으로 이들에 숨어 있는 이슈는 '새로움'이다. 그리고 이 새로움에서 비롯되는 '충격'이다. 「관객 모독」 역시 관객을 매료시킨 이유는 여타 다른 연극에서 볼 수 있는 것과는 다른 새로움에 있었다. '모욕'이라는 새로움은 자체 목적에 그치지 않는다. 새롭기는 하되 관객과 배우를 각성시키려는 작가의 의도가 다분히 깔려 있다. 그리고 연극을 비판하기는 하되 연극을 뿌리째 부정하지는 않는다. 연극이라는 틀 안에서 현실을 외면하는 연극을 비판하면서 각성을 촉구하는 방식을 택한다. 이렇게 보면 「관객 모독」은 철저한 자기성찰을 담은 '연극에 대한 연극'이다. 연극 속에 자기를 반영시킴으로써 연극이 자기 정체성을 획득해가는 과정 또는 획득해야만 하는 당위성을 역설하고 있다.

한트케는 그가 비판했던 〈47 그룹〉의 작가들로부터 노선을 달리하는 전후 2세대 작가다. 당시 정치적, 사회적 상황에서 실패를 인정하지 않을 수 없었던 문학의 이념성 대신 '언어' 그 자체를 선택한 세대다.

고트프리트 벤, 파울 첼란의 경우에도 그러하듯이, 언어는 현실을 재현하는 기능, 현실을 비판하는 기능을 더 이상 유지하지 못한다는 인식이 한트케의 의식 저변에도 깔려 있었던 까닭이다. 전통적으로 장르에 부가되어온 속성상 연극에서는 무엇보다 언어의 현실 모사적 특성이 강조되어왔다. 이런 상황에서 역설적으로 그는 '언어 유희'라는 새로운 수단을 찾아냈다. 언어를 통해 단순히 현실을 재현하지 않고, 오히려 언어를 유희의 대상으로 삼음으로써 인간의 사유와 인식의 가능성을 확장하고자 했다는 것이다. 바로 이 점에 극작가 한트케의 특별한 의미가 숨어 있다.

기존 문학계를 향한 도발적 몸짓으로 그가 1966년에 발표한 일련의 연극 「관객 모독」, 「예언」, 「자기질책」, 「구원의 외침」, 「카스파」 등은 모두 '언어'의 문제에 집중해 있다. 그만큼 그에게 '언어'는 수단 이상의 도전적인 주제였음을 알 수 있다. 그러나 언어의 '표현되지 않은' 부분인 '침묵'이란 언어는 그의 경우—벤이나 첼란의 경우와는 달리—언어의 범주에서 제외된다. '보는' 연극 무대에서 시각적 요소가 보완해주곤 하던 침묵은 그 자리를 완전히 잃게 된다.

> 여기서 막간 휴식은 없습니다. 또한 말 사이를 잇는 침묵도 별 의미가 없습니다. 여기서 말해지지 않는 말이란 없으니까요. 침묵은 아무것도 표현할 수 없으며, 침묵을 외쳐댄다는 의미는 대변될 수가 없습니다. (……) 여기선 말로 표현할 수 없는 걸 침묵으로 대변하진 않으니까요. (15-16)

언어 자체를 강조함으로써 한트케는 기존 연극의 대사와 몸짓, 무대 장치에 숨겨져 있는 '의도'를 비판한다. 그런데 그는 왜 그렇게 집요하게 연극을 비판하는 것일까? 그는 연극이 언어를 수단으로 현실을 모사한 것, 연극의 순수성을 상실하고 특정한 의미를 전하려고 한 것, 허구적 시간에 이끌려 허구의 현실을 주제로 했다는 점에 주목한다. 그리고 궁극적으로 이런 연극이 제시하는 현실에만 구애될 뿐인 관객의 습관적 무지를 아울러 비판한다.

연극이 현실의 반영이라고 되뇌지 않고, 연극 자체가 현실임을 주장했던 한트케. 그는 "마치 축구 시합 때의 90분처럼 연기자의 시간이 바로 관객의 시간이 되는 그런 연극만이 있어야겠습니다. 그 외에 모든 딴 연극은 가짭니다. 그렇잖은 모든 연극은 여러분에게 거짓 사실을 보여줄 뿐입니다"(29)라고 말하며, 새로운 연극의 모습을 제안하는 것처럼 보인다.

하지만 엄밀히 말하자면, 「관객 모독」은 '결국 연극은 어떠해야 한다'는 대안을 구체적으로 제시하지 않는다. 다만 기존 극에 대한 비판적 의견을 언어화할 뿐이다. 그럼으로써 열린 연극, 더 나아가 실체 없는 실험극으로 남는다. 그리고 그와 더불어 실험 문학의 의미와 한계에 대한 질문을 우리에게 던진다. 실험 예술이란 '단 한 번'의 시도일 때만 미학적 독창성과 희소성의 가치를 인정받을 수 있다. 결국 실험은 실험, 비판은 비판으로 끝날 수밖에 없으며, 연극이 끝나면 공은 상대방의 손으로 넘어오게 된다는 것, 결국 대안은 각자의 몫으로 남는다는 것이다.

*

우리나라에서 「관객 모독」은 독일 현지 초연보다 꼭 십 년 늦게, 그러니까 1976년 처음 막을 올린 이래 지금까지 꾸준히 상연되어왔다. 특히 지난 2005년 공연부터 배우 양동근 씨를 섭외하여 젊은 관객을 동원하는 데 상당한 효과를 거둔 바 있다. 그가 특유의 춤과 랩음악으로 관객과의 '흥겨운 한마당'을 연출한 결과다. 원작자가 의도했던 '쿨'한 언어극의 개념을 기준으로 보면 의문의 여지가 없지 않은 해석이었지만 말이다. 때때로 연출된 즉흥 연기가 가져다준 코미디의 분위기도 아울러 지적하지 않을 수 없다. 그럼에도 불구하고, 어떤 의미로든 실험정신을 즐겼던 배우와 관객의 감수성에는 박수를 보낸다.

좀 지난 일이긴 하지만, 2004년 공연 당시 필자는 우연히 출연 배우들과 대화를 나눌 수 있었다. 한 배우의 흥미로운 고백이 떠오른다. 나는 이 극이 배우에게 부과한 가장 큰 어려움이라면 소위 '언어극'이니만치 엄청난 분량의 대사일 거라고 상상했었다. 그런데 배우는 의외로 관객의 반응을 지적했다. 삼십 년 전 처음 공연들에서와는 달리 요즘엔 욕설을 퍼부어도 관객이 별로 모욕감을 느끼지 않아서 고민이라는, 욕먹는 것에 대해 화내기는커녕 오히려 재미있어 하기 때문에 고민이라는 얘기였다. 한마디로 제목에 부응하도록 이네들을 화나게 하려면 어떻게 해야 할지 더 이상 모르겠다는 의외의 푸념이었다.

배우의 고민은 내게 또 다른 의미에서 직업적인 화두가 되었다. 왜 관객은 그런 욕설에 둔감할 걸까? 왜 더 이상 불쾌해하지도, 놀라지도 않는 걸까? 이것이 이미 설정된, 연출된 상황이라는 영리한 계산 때문

우리나라의 〈관객 모독〉 공연 포스터와 장면들.

에? 벌써 그만큼 적극적인 관객이 되었기 때문에? 이것들은 완전히 틀린 추측은 아닐 것이다. 그러나 생각이 멈춘 곳은 언어 오염의 문제였다. 이미 우리 언어는 그만큼 심각하게 욕설에 오염되어 있어서, 그 욕설들이 모욕적인 언사가 되기엔 역부족이라는 인식이었다. 역시 문학작품의 영향력은 시간성과 역사성을 벗어나지 못한다는 생각이 새삼 든다.

그렇다면 작품의 의미를 이렇게 확대해보면 어떨까? 1960년대 「관객 모독」이 당시 연극과 관객에 대한 맨 몸의 시위이고자 했다면, 새천년 한국에서 공연된 「관객 모독」은 더 이상 모욕당하기를 거부하는 포스트모던한 관객들에게 언어에 대해 성찰하기를 촉구하는 또 하나의 '진화된' 질문이 아닐까, 라고.

페터 한트케, 「관객 모독. 미성년은 성인이 되고자 한다」, 양혜숙 옮김, 예니, 1986.

4

문학의 시선과 역사의 렌즈

- 과거와의 화해, 그리고 용서
- 언어와 침묵의 변증법

:: 베른하르트 슐링크의 소설 『책 읽어주는 남자』

과거와의 화해, 그리고 용서

십여 년 전 보았던 미셸 드빌 감독의 「책 읽어주는 여자」는 쿨한 매력이 인상적인 배우 미유 미유의 연기가 오래도록 기억에 남았던 영화다. 책에 빠진 콩스탕스가 『책 읽어주는 여자』를 읽으면서 서서히 그 책의 주인공 '책 읽어주는' 마리가 되어가는 과정이 감칠 맛을 내는 그런 영화였다. 단순히 제목이 비슷하다는 이유에서였을까? 베른하르트 슐링크의 소설 『책 읽어주는 남자』를 처음 접했을 때 작용했던 호기심도 유사한 종류의 그것이었다. 왠지 이 소설이 어떤 '사건'을 중심으로 전개되리라고는 기대하지 않았었다. 그보다는 영화에서처럼 책을 읽어주는 사람과 의뢰인 간의 미묘한 심리적 줄다리기랄지, 좀더 자잘한 일상을 현미경으로 들여다보는 류의 책이리라는 막연한 생각을 가지고 별 생각 없이 이 소설을 읽기 시작했던 것 같다. 그러나 슐링크의 『책 읽어주는 남자』는 제목에서 오는 '얕은' 느낌을 결국 배신한다.

소설은 제2차 세계대전이 끝난 지 그리 오래 지나지 않은 1950년대 말에서 1960년대 초 독일의 한 도시를 배경으로 한다. 황달에 걸려 허약해진 열다섯 살 소년 미하엘은 학교에서 돌아오는 도중 구토를 한다. 이를 본 서른여섯 살의 여인 한나 슈미츠는 그를 도와주게 되고, 이것을 인연으로 이들은 독특하고 배타적인 관계를 맺게 된다. 감수성이 예민한 소년은 여인에게 빠져들게 되면서 동년배들과의 교류에서 오랫동안 떨어져 있게 된다. 두 사람은 매일 만나 먼저 책을 읽은 후 샤워를 하고 나서 사랑을 나누고 같이 조금 누워 있다가 헤어지는 일정한 '의식'을 계속한다. 약 반년 간 지속되던 관계는 어느 날 그녀가 갑자기 사라져버리면서 끝나는 것처럼 보인다. 그리고 그렇게 소설의 1부도 마무리된다.

2부는 두 사람의 재회로 시작된다. 대학에서 법학을 전공하던 미하엘은 예기치 않게 법정에서 한나를 다시 만난다. 미하엘을 알기 전, 그러니까 전쟁 당시 그녀는 강제수용소에서 감시원으로 일했었는데, 수감된 유태인 여자들을 교회에 가두어 모두 불에 타 죽도록 한 혐의로 재판을 받는 중이었다. 재판과정에서 한나가 문맹이었다는 사실을 뒤늦게 알게 되면서, 미하엘은 과거에는 도저히 납득할 수 없었던 그녀의 몇 가지 행동을 비로소 이해하게 된다. 그러나 충격적이었던 것은 자기가 문맹이라는 사실이 알려지는 것을 두려한 나머지 '그 사건'에 대한 보고서를 작성했다는 누명을 쓰고 종신형을 선고받는다는 사실이었다.

한편 법제사로 일하면서 결혼하여 딸을 둔 미하엘은 불행한 결혼생

■ 슐링크의 『책 읽어주는 남자』는 독일은 물론 미국에서도 큰 반향을 일으켰으며, 우리나라에 번역될 당시 이미 24개 국어로 번역될 만큼 세계 문단의 관심을 끌었다.

활을 하다가 결국은 이혼한다. 한나가 수감되고 8년이 지난 시점에서 미하엘은 문학 작품을 녹음하여 한나에게 보내기 시작한다. 그러나 이 일을 10년간 계속하면서도 그녀를 찾아가 만나는 일만큼은 자제한다. 한나가 테이프를 통하여 글을 익히고 편지를 띄우지만 단 한 번도 답장을 보내지 않는다. 18년의 형기가 끝나기 얼마 전 두 사람의 해후가 이루어졌으나, 석방 바로 전날 한나는 예기치 못한 자살로 삶을 마감한다. 그리고 미하엘이 한나와 자신의 이야기를 글로 남기는 것으로 소설은 마무리된다.

이런 줄거리만을 놓고 본다면, 소설은 기울어진 남녀 관계의 비극적 전형을 보여주는 멜로물로 비쳐질지 모른다. 그래서인지 독자는 한동안 읽어내려 가면서도 지루한 느낌을 지울 수 없을 정도다. 그러나 예상을 깨고 이 소설이 점차 흥미와 긴장감을 불러일으키는 이유는, 특이한 소설의 제목이 이미 제시하듯이 '책'이 스토리를 이끌어가는 주도동기의 역할을 한다는 데 있다. '책'은 책을 매개로 한 두 주인공의 관계뿐 아니라 각자의 삶의 향방을 결정하는 근거가 된다. 이로써 소설은 '책이란 무엇인가', '왜 책을 읽는가'라는 물음을 아울러 던진다.

'책'과 관련하여 소설을 이끌어가는 또 하나의 동인은 '문맹'의 모티브다. 한나가 문맹이라는 사실은 그녀가 미하엘의 이름을 묻는다든가, 특이하게도 책을 읽어달라고 한 것, 그리고 부활절 여행에서의 '쪽지사건' 등을 통해 간간히 그러나 지속적으로 독자에게 암시된다. 한나의 입장에서 볼 때 그녀의 문맹 상태는 책 읽어주는 미하엘과의 관계를 지속시키는 결정적인 동기가 된다. 비록 무의식적인 의도였을 수 있지만 말이다. 자기가 문맹임을 감추려는 한나의 터무니없는 자존심은 독일의 비극적인 현대사의 구도와 맞물려 그녀의 운명을 바꾸어놓는다. 지멘스 회사에서 승진을 포기하고 잠적하거나, 마찬가지로 차장에서 운전사로의 승진을 거부하고 강제수용소 감시원 일을 하면서 자기 소중한 삶을 터무니없이 희생하는 것이다.

다시 '책'에 시선을 고정시키면, 작가 슐링크에게 '책'은 변화의 매개체로 주효한 것처럼 보인다. 소설은 각기 다른 방향이기는 하지만 한나와 미하엘의 삶의 변화가 책을 통해 이루어진다는 것을 암시한다. 그리고 이로써 책이 인간의 삶에 미치는 영향의 반경을 가늠하게 해주는 것이다. 그래서인지 이 소설의 독자는 우선 미하엘이 읽어주는 소설에 대한 한나의 반응에서 이런 영향의 조짐을 공유하게 된다. 작가는 이야기의 흐름과 더불어 책에 대한 한나의 입장 변화를 매우 섬세한 필치로, 그러나 놓칠 수 없이 분명하게 전달해주기 때문이다.

> 그녀는 신경을 곤두세워 경청했다. 그녀의 웃음소리, 경멸에 차서 씩씩대는 소리, 그리고 분격하거나 동조하여 지르는 외침소리 등은 그녀가 줄거리를 극도로 긴장하여 좇고 있으며 에밀리아와 루이제를 모두 어리석은 계집애들로 생각하고 있다는 반증이었다. 계속해서 읽으라고 나를 재촉할 때 보여준 그녀의 초조감은 그녀들의 우둔함이 어서 사라지기를 바라는 마음에서 나온 것이었다. (56)

인용문이 보여주듯이, 문학이라는 가상의 세계를 처음 접하는 한나의 일차적 대응은 매우 원초적이다. 자기 본위적인 독서와 판단의 패턴을 적나라하게 노출한다. 그런 반응은 한나가 자신의 실제 현실과 픽션 속의 현실을 구분하지 않는 데서, 아니 구분할 수 없는 데서 비롯된다. 감정적이고 주관적인, 말하자면 '정신적 유아기'의 특징을 투사하면서 그녀는 자기의 일상적 경험을 토대로 나름대로 도덕적 평가를 주인공들에게 내리기도 한다.

> 그녀는 주인공이 건달로서 아무 일도 하지 않고, 어떤 일도 할 줄 모르고 또 하려 들지도 않는 것을 나쁘게 생각했다. 그녀는 소설 내용에 대해서 갈팡질팡하고 있다가 내가 읽는 일을 마치면 그 후로 몇 시간 동안 내게 마구 질문을 퍼부었다. (72)

하지만 비록 작위적이고 주관적인 방식으로 책을 이해한다고 해도, 몇 시간이고 질문을 퍼부을 만큼 그녀가 책에 적극적으로 몰두한다는 사실은 독자의 관심을 끌기에 충분하다. 앞으로 그녀가 긍정적으로 변화할 수 있으리라는 가능성을 은근히 내비치는 작가의 희망적 시선을 독자가 놓치지 않는 까닭이다.

이런 기대에 부응이라도 하듯이, 오래 지나지 않아 달라져가는 한나의 모습이 포착된다. 지금까지와는 달리 그녀는 자기만의 세계에서 빠져나와 책의 세계로 들어가면서 읽은(들은) 내용을 내면화하기에 이른다. 독자로서의 주관적 판단을 자제하고 작가와 작품의 입장에서 작품을 바라보는 책읽기, 독자 자신으로부터 거리를 둔 객관적 책읽기의 단계로 접어드는 것이다.

> 『전쟁과 평화』를 읽어주었다. 40 내지 50시간이 걸렸던 것 같다. 다시금 한나는 소설이 진행되어가는 과정을 가슴을 졸이며 좇았다. 그러나 그녀의 태도는 종전과 달랐다. 그녀는 이번에는 그녀의 판단을 자제했다. 그녀는 전에 루이제와 에밀리아를 상대로 그랬던 것처럼 나타샤와 안드레이 그리고 피에르를 그녀의 세계의 일부로 만들지 않고 (……) 성 안으로 들어가듯이 그들의 세계 안으로 발을 들여놓았다. (87)

과거와 달리 이제 자기 자신의 현실과 픽션, 즉 소설의 현실을 분리할 수 있게 된 그녀의 변화를 따라가면서, 독자는 작품에 접근하는 다양한 시각을 엿보기도 하고, 한 인간의 정신적 성장과정을 동반하는 호기심을 즐기기도 한다. '나'는 이렇게 고백하기에 이른다. "문학에 대한 그녀의 평은 대개 놀라우리만큼 정곡을 찔렀다"(224). 그녀에게는 이제 문맹에게서 기대하기 어려운, 진지하고 깊은 문학 이해가 가능해졌다. 또한 과거의 작품을 현재의 시각으로 읽어내는 보다 큰 이해의 틀과 지혜의 폭을 갖추게 되었다. 시대를 초월하여 존재하는 문학의 진정한 가치를 깨달았다고나 할까.

맹목적 삶에서 깨달음의 삶으로

하지만 책읽기가 단순히 문학에 대한 그녀의 사적인 반응을 바꾸어

놓는 데 그쳤다면, 슐링크의 작가적 역량과 이 소설의 사회적 함의는 반감되지 않을 수 없었을 것이다. 그리고 작품에 설정된 '전쟁'이라는 무거운 역사적 배경은 단지 거치적거리는 불유쾌한 장애물에 불과했을 것이다. 그러나 작가는 이 지점에서 아주 의미 깊게 소설의 진로를 바꾸어나간다. '책'을 통한 변화를 개인의 영역에서 사회적 영역으로 확장하는 것이다. 문맹임을 감추기 위해 종신형도 불사했던 한나는 아이러니하게도 감옥에서 글을 배우게 된다. 그녀가 자살한 뒤 '나'는 한나의 그런 변화를 다음과 같이 우회적으로 묘사한다.

> 나는 책꽂이 앞으로 다가갔다. 프리모 레비, 엘리 비젤, 타데우스츠 보롭스키, 장 아메리 등 희생자들이 쓴 글, 그 옆에는 루돌프 회스가 쓴 자서전적인 글들, 예루살렘의 아이히만에 대한 한나 아렌트의 보고서 그리고 강제수용소에 대한 학술적인 글들이 있었다. "한나가 이것들을 다 읽었나요?" "그녀는 적어도 이 책들을 신중하게 주문했어요. 나는 여러 해 전에 그녀를 위해서 강제수용소를 다룬 서적들의 총목록을 구해주어야 했지요. 그리고 그녀는 작년인가 재작년에는 강제수용소의 여자들, 즉 여자 수감자들과 여자 간수들을 다룬 책들을 알려달라고 부탁했어요. (……) 슈미츠 부인은 읽는 법을 배운 뒤로 곧장 강제수용소에 대한 책들을 읽기 시작했어요. (……)" (244)

이제 달라진 그녀의 상황을 이렇게 상징적으로 읽어보면 어떨까? 문맹 상태가 현재 삶에 대한 맹목성을 의미한다면, 이제 글을 읽는다는 것은 현실의 벽에 막혀 보지 못했던 것을 보게 하는 힘을 상징한다고 말이다. 이렇게 보면 한나가 글을 읽게 되었다는 것은 그녀의 삶이 방향 없는 맹목적인 데서 깨달음의 삶으로 이행되었음을 의미한다. 아무런 성찰 없이 행했던 자신의 어처구니없는 과오를 글을 통해 객관화하기 시작하는 것이다. 그리고 글을 깨쳐 자율적으로 책을 선택하여 읽게 된 후 사회적 책임감과 자기평가가 그녀의 삶을 동반하게 된다.

이렇게 해서 '책'은 이제 단순히 '책'의 범주를 벗어나, 한나 개인뿐 아니라 그녀가 속한 사회의 과거를 객관적으로 돌아보게 하는 필수적인 수단이 되었고, 궁극적으로 그녀의 삶 자체까지도 바꾸어놓게 되었다. 이런 한나의 변화는 그녀가 읽은 책의 성향이 바뀌었다는 데서도 확연히 나타난다. 미하엘이 한나에게 읽어준 책들이 문학 작품이었다면, 이제 '자기선택권'을 획득한 그녀의 관심은 사회적 문제의식을 가진 서적으로 향하게 된다.

그런데 놀랍게도 예상치 않았던 사건이 벌어진다. 한나의 인식이 건강하게 바뀌어감에도 불구하고 그녀 스스로 목숨을 끊은 것이다. 독자는 작가가 주인공에게 그런 뜻밖의 결말을 선택해준 사실에 대해 궁금증을 갖지 않을 수 없다. 너무 예상치 않았던 비극적 결과이기에, 더욱이 한나의 긍정적 발전에 내심 안도했기에 더더욱 그렇다. 석방을 하루 앞두고 한나는 왜 자살해야만 했을까? 이 소설을 멜로물로 읽는다면 궁금증은 더더욱 커질 것이다. 과거에 사랑했던 사람, 그리고 18년의 수감생활을 정신적으로 함께했던 남자와의 자유로운 재회를 눈앞에 둔 상황에서의 자살이기에 말이다.

그러나 과거의 삼십 대 여인과 사춘기 소년, 그리고 세월이 흘러 노년기 여성과 중년기 남성의 로맨스를 다시 한번 기대하기에는 소설이 '사랑'의 테마를 벗어난 지 이미 오래다. 그런 의도가 아니라면 2부를 시작하면서 작가는 미하엘과 한나의 재회의 장소로 법정을 선택하지 않았을 것이다. 법정은 감정적 줄다리기가 일어나는 곳이 아니라, 사실 확인과 판단을 위해 존재한다. 이런 특이한 해후는 두 사람의 관계가 이제 주관적인 영역에서 객관적인 성찰과 판단의 단계로 넘어서는 것을 시사한다. 마찬가지로 이 시점에서부터 소설을 해석하는 코드도 '사랑'으로부터 사회적 동인으로 서서히 옮겨가고 있다.

이런 맥락에서 한나의 자살에는 어떤 의미가 내재되어 있을까? 앞서 언급한 대로 누구보다도 예민한 감성의 소유자였던 그녀는 자유로운 미래, 또는 과거 속 '어린' 연인과의 재회를 앞두고 걷잡을 수 없는 막연한 두려움도 가졌을 거라는 추측도 가능하다. 그러나 시선을 사회적 맥락으로 틀어보자. 수감 중 한나는 글을 깨치고 독일의 과거사에 대해 많은 글을 읽으면서 나름대로 균형 있는 현실인식과 사회의식을 갖추게 되었다.

지나간 시간을 되돌릴 수 없는 한나에게 수감생활은 어쩌면 과거의 죄값을 치르는 유일한 길이었다. 그렇다면 자유로운 세계로의 진입은 반대로 그녀가 과오의 삯을 모두 치렀다는 것을 확인해주는 징표일 수 있다. 그러나 과연 그녀 스스로는 묵은 죄에 대한 '탕감'을 선선히 받아들일 수 있었을까? 아직도 자기 죄과의 무게에 짓눌려 있었을 그녀는 미래의 자유로움을 감당할 수 없었을지도 모른다. 더욱이 '책'을 읽는 한, 그녀의 죄의식은 줄어드는 대신 더더욱 양심을 괴롭히게 되었을 것이다. 때문에 그녀가 자살을 선택했다는 것은 역사에 대한 죄의식으로부터 벗어날 수 없음을, 결코 스스로 자유로워질 수 없음을 자각한 데서 비롯된 나름대로의 '적극적 결단'이 아니었을까?

이런 결론을 두고, 자살이란 사회적 행위를 포기하는 것이며 그녀의 변화의 가치를 반감시키는 불충분한 변화라는 비난도 있을 수 있다. 하지만 그것이 그녀가 할 수 있는 최선의 선택이었다면, 그 비난도 감수할 수밖에 없다.

과거와의 화해 : '책 읽어주는 남자'에서 '책 쓰는 남자'로

소설은 미하엘과 한나의 이야기다. 그런 의미에서 책을 통한 변화는 비단 한나에게만 국한될 수는 없다. 전체 줄거리를 통해서 본 미하엘은 소년 시절부터 우유부단하고 소심하며 자기 합리화의 경향이 강한, 생각도 후회도 많은 인간 유형을 보여준다. 자존심 세고 강압적인 성격 때문에 죄를 뒤집어쓰면서도 자신이 문맹인 것을 드러내지 않으려 했던 우직한 한나. 물론 그녀의 이런 성격은 소설이 전개되면서 책임감 있고 온화한 성격으로 바뀌게 된다. 이런 한나에 비하면 미하엘은 소설이 끝날 때까지 외향적 행동에 있어서 큰 변화를 보여주지 않는 것처럼 보인다. 그러나 그의 변화는 한나의 변화와는 또 다른 의미에서 무게를 지닌다. 소설의 도입부에서 미하엘은 자발적으로가 아니라 한나의 부탁으로 책을 습관적으로 읽어주기 시작한다. 그런 어린 '책 읽어주는 소년'은 소설의 마지막에 이르러 '책 쓰는 남자'로 성장하는 것이다. 아니 책을 쓰면서 조금씩 더 성숙해간다는 말이 더 맞을 것이다. 그러나 보다 구체적으로 두 사람의 이야기를 책으로 쓰게 되는 결정적인 계기는 한나의 죽음이었다. 이로써 소설은 자기투영 또는 자기치료로서의 글쓰기라는 주제를 건드린다.

> 애당초 내가 우리의 이야기를 글로 쓰려고 한 까닭은 이 이야기로부터 벗어나고 싶었기 때문이었다. 그러나 막상 글로 쓰려고 하니 기억들이 제대로 떠오르지 않았다. 그러던 중 나는 우리의 이야기가 내게서 빠져나가고 있음을 깨달았다. 그래서 나는 그것들을 어떻게 해서든 글을 통해서 붙잡아두고 싶었다. 그러나 글쓰기 역시 나의 기억들을 되살리지 못했다. (……) 나는 우리의 이야기와 화해했다. 그러자 우리의 이야기는 되돌아왔다. 세세한 부분에 이르기까지 그리고 내게 더 이상 슬픔을 주지 않을 정도로 둥글고 완결되고 나름대로의 방향을 지닌 모습으로. (258)

문학을 치유의 수단으로 규정한다면, 이 구도는 또 다른 상징 구도를 만들어낸다. 제3제국 시기에 한나는 이미 성인이자 사회적 '행위자'였던 반면, 미하엘은 미성숙한 사춘기 소년에 불과했었다. 이렇게 보면 한나는 전전 세대의 전형을, 미하엘은 전후 세대의 의식 구조를 반영한다고 하겠다. 그리고 그들의 애매했던 관계의 변화도 이 시각에서 설명해볼 수 있을 것이다. 과거에는 한나가 주도권을 가지고 있었다면, 전

■■ 에리히 헤켈의 「생각하는 남자」는 20세기 초 극심한 전방위적 혼란을 마주한 인간의 고뇌를 그려내고 있다.

쟁이 끝난 이후로는 미하엘이 행위의 주체자가 된다. 법정 장면에서 한나는 바라봄의 대상일 뿐 미하엘이 같은 공간에 있다는 사실조차 인지할 수 없지 않았던가. 이후 한나가 자유를 상실하면서 그런 관계의 불균형은 계속된다. 하지만 시간이 흐르면서 그들의 관계가 조금씩 균형 있는 상호성의 여지를 내비치고 있는 것도 간과할 수 없다. 이는 전전 세대와 전후 세대의 관계 변화의 양상을 그대로 반영해준다.

> 내가 직접 글을 쓰기 시작했을 때, 나는 나의 글도 몇 편 한나에게 읽어주었다. (……) 한나는 다시 한번 나에게 있어서 나의 모든 힘과 나의 모든 창의력과 나의 모든 비판적인 상상력을 묶어서 바치는 재판관이 되었다. 그런 후에 나는 원고를 출판사에 보낼 수 있었다. (221)

왜 책을 쓰는가? 여기서 독자는 이 질문을 다시 한번 던지지 않을 수 없다. 한나와 미하엘의 진정한 화해는 그녀의 자살과 거기서 비롯된 '나'의 글쓰기를 통해 이루어지는 것처럼 보인다. 책을 쓴다는 것은 어쩌면 객관화하는 노력에 다름 아니다. 객관화가 두 사람의 진정한 화해의 첫걸음이 되었다는 사실은 독일 역사의 화해 가능성을 암시한다. 한나, 즉 전전 세대와 미하엘, 즉 전후 세대로 단절된 독일의 역사도 글쓰기, 그리고 과거에 대한 진지한 성찰을 통해서만 화해의 길을 모색할 수 있다는 작가의 메시지가 이 소설에 담겨 있는 것이다.

이 대목에서 '책 읽어주는 남자' 미하엘은 또 하나의 묵직한 화두를 우리에게 던져준다. 역사와 문학의 '좌표'에 대해 곰곰이 생각해보도록 하는 것이다. 작가가 주인공 미하엘을 역사와 문학에 관심이 많은 소년으로 등장시키고, 제3제국이라는 시대적 배경을 설정한 것도 그런 의미에서 우연은 아니다. 독일의 비극적 역사와 개인사가 어떻게 교차하는가를 보여주면서, 역사와 문학의 위치에 대해 적극적으로 성찰하게 한다. 그는 역사의 의미에 관해 이렇게 피력한다.

> 역사를 한다는 것은 과거와 현재 사이에 다리를 놓고 양쪽 강가를 모두 관찰하고 그리고 양쪽에 다 관여하는 것을 의미한다. 내가 연구하는 분야 중의 하나는 제3제국의 법률이었는데, 이곳에서는 과거와 현재가 삶의 현실로 합치되는 모습이 특히 눈에 두드러졌다. 여기서 도피는 과거에 종사하는 것이 아니라, 우리의 모습을 각인시켜주고 또 우리가 더불어 살아갈 수밖에 없는 과거의 유산에 대해서 잘 모르고 있는 현재와 미래를 위한 결연한 정신 집중을 의미한다. (216)

문학의 렌즈로 역사를 바라보다

그렇다면 역사는 언제, 그리고 왜 문학의 옷을 입는가? 문학과 역사는 현재의 시각을 바탕으로 인간 삶의 다양한 모습을 재구성한다는 점에서 동일하다. 말하자면 이 두 영역은 인간사에 접근하고 이를 기록하는 두 가지 방법, 소위 주관적 방법과 객관적인 방법을 대표한다. 이에 따라 소설 『책 읽어주는 남자』의 줄거리를 역사로 남긴다면 이렇게 요약될 것이다. 한 소년과 나이 많은 여자가 정상적이지 않은 애정 관계를 갖다가 헤어진다. 훗날 법정에서 다시 만난 여자는 나치에 부역한 죄로 교도소에 들어가 결국에는 출소를 앞두고 자살을 했다.

역사적 기술은 '객관적' 사건을 중심으로 요약하며, 결과론적이다. 다른 말로 하면 시대적 흐름의 큰 틀에서 '역사적' 의미를 부여하고자 한다. 반면 소설은 역사에서는 사소하게 여겨질 수 있을 주변 상황까지도 고려하는 총체적인 묘사라고 할 수 있다. 그런 의미에서 역사가 놓친 부분, 소외된 삶의 이면을 재조정하는 여유를 가진 공간이라 하겠다. 소설 『책 읽어주는 남자』에서도 이 같은 문학의 관점들은 물론 쉽게 찾아볼 수 있다. 한나는 수용소에 있을 때 가스실로 가야 하는 소녀들과 한 달가량을 함께 지내며 자기에게 책을 읽어주게 했다. 그것이 가스실의 죽음을 앞둔 소녀들로 하여금 마지막 며칠을 편하게 보내게 하려는 그녀 나름대로의 배려였음을 작가는 독자들에게 전달하여, 나치부역자 한나가 아닌 인간 한나의 면모를 함께 느낄 수 있도록 한다. 반면 여기서는 역사와 동일시되는 영역인 법의 관점에서 중요한 것은 한나가 용서받을 수 없는 전범이라는 사실뿐이었다.

그런가 하면 소설은 그녀를 이렇게 '변호'하기도 한다. 그녀가 강제수용소에서 일한 것도 여타 이념적 이유에서가 아니라 인간적 약점이 계기가 되었다는 것, 즉 주변 사람들에게 자기가 문맹임을 감추기 위해 어처구니없이 선택한 일이라는 것이다. 물론 이런 논조는 역사의 '판결'에서는 전혀 고려될 수 없는 사안이다. 하지만 미하엘이 한나라는 인물을 통해, 전쟁 세대에 전적으로 동의할 수는 없었다 하더라도, 이 시대의 비극을 어쩌면 이해할 수 있었듯이, 작가는 독자들에게 역사를 바라보는 수정된 시각을 제안하고 있는 것은 아닐까? 이해와 용서의 가능성을 말이다.

작가 슐링크가 이 소설에서 1인칭 화자의 시점을 사용한 것도 설득력 있는 선택이라 할 수 있다. 1인칭 시점은 화자 개인의 생각과 섬세한 자기관찰을 표현하기에 적절한 형식으로, 그가 당면한 문제들을 절실하고 효과적으로 담아낸다. 모든 사건은 미하엘의 시각에서 관찰되고 평가되기 때문에, 독자는 전체를 관망하는 입장이 아니라 미하엘이라는 한 개인의 입장과 동일시되어 소설에서 일어나는 사건들에 적극적으로 개입한다. 더 나아가 소설의 주인공은 작가와 완전히 동일인은 아니더라도 작가의 문제의식이 어느 정도 투영된 인물로서, 작가의 생각을 가늠하게 한다. 이처럼 이 소설이 취한 1인칭 서술 시점은 문학의 '상대적 주관성'을 강조하는 부분이라고도 할 수 있다.

이미 아리스토텔레스는 『시학』에서 역사와 문학을 비교하고 정의하기를 시도했다. 그러면서 그는 문학이 사물보다는 보다 보편적이고 일반적이라고 보았다. 왜냐하면 "시인의 기능은 일어난 일을 말하는 것이 아니라 일어날 수 있는 일을 말하는 것, 개연성이나 필연성의 법칙에 따라 가능한 것을 말하는 것"이기 때문이다. 이미 일어난 일을 기록하는 것은 시인의 일이 아니라 역사가의 일이며 시인이 할 일은 일어날 수 있는 일을 묘사하는 것이라고 말하면서, 그는 문학의 편에 선다. "그러므로 시는 역사보다 더 철학적이고 더 고차원적인 것이다. 왜냐하면 시는 보편적인 것을 표현하고 역사는 특별한 것을 말하기 때문이다."

그렇다고 과연 우리는 문학의 주관적 시선만으로, 어떤 유보도 없이 역사의 과오를 용서할 수 있을까? 과거 극복의 문제를 이야기할 때 한일 관계는 시의적절한 예가 될 수 있다. 이 문제와 관련하여 지난 2005년 어느 일간지 기자 블로그에서 의미 있는 글을 하나 읽었다. 일본의 가미가제 부대, 그리고 열여섯 명의 한국인 특공대원 중 한 사람인 탁경현의 이야기이다(먼저 소설화되었던 이 실화는 영화 「철도원」으로 유명한 일본 감독 후루하타 야스오에 의해 2001년 「호타루」라는 영화로 만들어져 한국에서도 상영된 바 있다). 기자는 일본 인터넷 사이트에서 20대 초반의 가미가제 특공대 사진을 보았다. 그중 강아지를 안고 있는 한 청년에게 시선이 머물면서 그는 소위 '광신적 전쟁광'이라고 낙인찍힌 이들에 대한 기존의 편견에 조심스럽게 이의를 제기한다.

> 역사는 '오늘의 눈으로 과거를 바라본다'는 원칙에 따라 서술되는 법입니다. 그래서 선과 악이 분명히 구분되고, 그래서 인간의 고민과 영혼은 역사에서 늘 배제됩니다. 역사가 그렇게 각박할수록 인간의 고민과 영혼이 그리워지는 것은 인지상정이 아닐까 생각합니다. 자살 폭탄을 짊어진 가미가제 중에 '전쟁광'의 심정으로 폭사한 청년이 과연 얼마나 될까 …… 그 청년들의 심정은 무엇이었을까……

물론 역사적 과오에 대해서는 감정의 차원을 넘어서 이성적이고 준엄한 청산과정이 불가피하다. 그러나 그것만으로 과거는 과연 극복되는 것일까? '극복의 대상은 진정 무엇인가'라는 보다 근본적인 질문을 제기하는 것, 그리고 커다란 '역사'의 도도한 흐름에 휩쓸려간, 그래서 우리가 쉽게 잊어버리고 비켜가는 자잘한 일상 속의 슬픔과 기쁨을 다시 한번 들추어내어 그 이면을 들여다보는 것, 그것이 역사 속에서 감당해야 할 문학의 역할은 아닐까? 그런 의미에서 소위 문학의 사회적 사명을 누구보다도 강조했던 브레히트의 진술은 의외로 느껴지면서도 우리의 주제에 갖는 의미가 크다 할 것이다.

소설의 재미는 정서적 감동을 주는 미적 즐거움이어야 하며, 정신과 영혼을 위무해주는 지적인 쾌락이어야 한다. 생명 있는 소설은 결코 독자를 비속하게 빠뜨리지 않는다. 위대한 소설은 독자도 인생 문제에 부딪혀 주인공과 같이 고민하고 예술적인 카타르시스를 경험하며 미적 즐거움을 느끼게 한다.

베른하르트 슐링크, 『책 읽어주는 남자』, 김재혁 옮김, 세계사, 1999.

:: 파울 첼란의 시 「모래예술은 이제 그만」

언어와 침묵의 변증법

"아우슈비츠 이후에 시를 쓴다는 것은 야만적"이라고 지적했던 어느 지식인의 말을 빌리지 않더라도, 사회 정치적인 충격이 가시고 난 후 정체성의 위기에 아주 심각하게 노출되는 분야는 예술, 그중에서도 문학이다. 언어의 의사소통 기능은 바로 언어의 계몽적 기능과 맥을 같이 하고 있는 까닭이며, 그래서 언어를 매개로 하는 문학은 다른 예술보다 훨씬 더 이념의 문제에 가까이 얽혀 있기 때문이다.

이렇게 보면 독일 시의 역사에서 가장 심각한 내적 갈등과 거부감은 1945년 패전 이후에 찾아왔다고 해도 지나치지 않다. 그 어떤 긍정적 전통의 흔적도 찾을 수 없는 폐허의 시공간을 일컬었던 소위 문학의 '영점 시대', 그러나 역설적이게도 바로 그렇기 때문에 우리는 독일 전후 시에 더더욱 관심을 기울이게 된다. 당시 시인들이 겪었던 정체성의 위기는 오히려 훨씬 더 다양한 예술적 시도로 작품에 반영되었기 때문이다. 이를 증명이라도 하듯, 어느 문학 사조의 서정시와 비교하더라도 이들 시는 특정한 몇몇 경향으로 한정지을 수 없을 정도로 복합적인 양상을 보여준다. 주제와 양식에 따라 비의秘意시, 자연서정시, 정치시, 구체시, 일상시 등으로 분류되는 이 시들은 장르를 뚜렷이 경계 짓기가 어려울 정도로 서로의 영역을 넘나들고 있다. 그중에서도 대부분의 시들에서 공통적으로 두드러지는 특징이 있는데, 이들이 다름 아닌 '언어'라는 소재를 다룬다는 것이다.

'밑바닥'의 이미지를 연상시키는 '영점 시대'의 개념은 전후 시인들의 목하 이슈가 무엇인지와 깊이 연관되어 있다. 어떻게 과거의 상흔을 씻어내고 처음부터 새롭게 시작하는가가 그들에게 시급한 문제였다는 말이다. 이때의 새로움은 새로운 내용뿐 아니라 언어에 대한 새로운 관계까지도 포함한다. 시인들의 절박한 위기감은 권력의 수단으로 오용되었던 부패한 과거 언어로 무엇인가를 이야기한다는 것이 더 이상 가능하지 않다는 데, 즉 전후 현실이 문학(또는 언어)과 현실의 관계를 청산하도록 강요한다는 데 있었기 때문이다. 오염되지 않은 언어를 찾아내려는 시인들의 노력은 크게 두 가지 양상으로 표출된다. 우선, 거짓된 언어는 이제 온전히 순수하게 거듭나야 한다는 전제하에 압축, 축소된 형태로 형상화된다. 두 번째 양상은 '밖, 즉 현실'로 향했던 시인들의 관심을 '내부, 즉 문학' 자체 속으로 돌려놓은 결과물로서, 언어 성찰이 주제를 이루는 경우이다. 이때 시는 세계와 '나'를 중재하는 언어에 대한 불신의 표현으로서 자기독백적 통로만을 유지하게 된다. 이런 시는 자기 존재 자체의 의미를 의문에 붙이면서 '왜 아직도 시를 쓰는가'를 정당화하는 과정이라고 볼 수 있을 것이다.

유럽을 벗어나면 매우 생소한 이름이 되어버리는 시인 파울 첼란. 전후 독일 문학사에서 그가 차지해온 독특한 의미와 비중을 고려해보면, 이 낯설음은 일종의 부당함과도 통한다. 특히 '언어'라는 주제에 관심 있는 독자라면, 그렇게 해독하기 어렵다는 그의 시세계로 통하는 길을 발견하기 위해서는 언제라도 시간을 할애해야 할 시인임에 틀림없다.

많은 이들은 이 난해함의 이유를 시인이 감내해야 했던 가혹한 운명에서만 찾으려고 한다. 그러나 얼핏 일리 있어 보이는 이 주장에 대해 우리가 이의를 제기해도 되는 이유는 시인의 전기傳記에서 꺼내온 정보는 상대적인 것일 뿐, 시의 모든 것을 밝혀주는 보편타당한 근거는 되지 못하기 때문이다. 때로는 침묵적이며 모순적이고 신비하게 보이는 첼란의 시세계는 오히려 그의 언어관에 대한 이해를 전제로 할 때만 올바로 접근할 수 있다. 전기적 관점과 언어적 변수가 서로 보완적으로 관련지어질 때 비로소 첼란의 시세계는 온전히 이해될 수 있을 것이다.

이런 배경에서 '침묵'과 '언어'는 그의 시에서 유독 두드러지는 키워드다. 물론 '침묵'은 비단 첼란뿐 아니라 전후 서정 시인들에게서 광범위하게 추적될 수 있는 모티브다. 문학적, 정치적 무기력을 극복하려는 시도는 역설적이게도 '침묵'의 옷을 입고 의미의 빗장을 걸어 잠갔다는 것이다. 하지만 첼란의 경우 '침묵'은 시의 해석을 방해하거나 차단하기보다는, 오히려 내면의 메시지를 드러내는 역할을 한다. 우선 '침묵'은 '말'의 대립 개념으로 사용되지 않고, 거의 모든 맥락에서 언어와 연계되어 나타난다. 침묵은 말하기를 전제로 하기 때문에, 침묵과 언어는 결국 동일한 문학적 결론에 이른다는 것이다. 그리고 바로 이 지점에서 첼란의 고유한 의미를 찾을 수 있다.

예리한 독자는 이미 파악했을 테지만, 첼란 시의 주류를 이루는 것은 시에 관한 시, 이른바 '메타시' 또는 '시학적 시'다. 이렇게 정의될 수 있는 일차적인 근거는 언어와 직접 관련된 어휘들이 여기서 자주 사용된다는 데 있다. 단어wort, 언어sprache, 말하다sprechen, 침묵하다schweigen, 목소리stimme, 음조ton처럼 말이다. 그런데 이런 어휘들에서 추측할 수 있듯이, 난해시라는 이름이 어색하리만큼 시는 매우 단순한 낱말들로 구성되어 있다. 우선 동사만 살펴보아도, (걸어)가다gehen, 오다kommen, 헤엄치다schwimmen, 서 있다stehen, 놓여 있다liegen, 자라나다wachsen, 깨어 있다wachen, 던지다werfen, 마시다trinken 등 소박한 일상적 표현이다. 그런데 기본적인 삶의 영역을 벗어나지 않는 이러한 단어들은 또 다른 일상어들과 결합하면서 거의 모방할 수 없는 독특한 방식으로 뜻밖의 시어를 구축해나간다. 예를 들면 평범하기 그지없는 보통명사인 '단어wort'로부터 '나무 단어baumwort', '자주색 단어purpurwort', '단어의 달wortmond' 등 의미론적 이해가 불가능한—따라서 번역조차 사실상 불가능한—생소한 어휘가 만들어진다. 이 새로운 조합은 논리적 맥락으로부터 떨어져 나와 독자의 사고 범주를 뛰어넘는다. 그 결과, 원래는 어렵지 않았던 개념들이 혼란스러워지고 까다롭게 느껴지는 것이다.

그렇다면 첼란은 어떤 시적 효과를 염두에 두고 일상어에 대해 이처럼 인위적 거리를 두려고 했을까? 보통 언어는 사람들의 경험에 의존해 있다. 때문에 어떤 개념이 경험적 현실을 묘사하는 도구가 아닌 경우에, 그것이 무엇을 의미하는가를 알아내기란 더더욱 어려워진다. 그러나 바로 그렇기 때문에, 첼란의 낯선 어휘들이 창출해내는 것은 획기적 새로움이다. 전래된 의미로는 전달할 수 없는 새로움이자, 사물을 기존 맥락으로부터 완전히 분리시키는 새로움 말이다. 첼란 자신의 표현을 빌리자면, 이 새로운 개념, 즉 시어란 "사물도 아닌, 단어도 아닌, 이 둘의 유일한 이름"이다. 이를 풀이해보면, 우선 시어는 현실 언어가 중재하는 언어 외적 대상인 '사물'을 넘어서 있다. 더 나아가 '단어' 즉 일상어와는 구분되는 다른 언어로서, '이름'으로만 존재할 뿐 결국 제3의 어떤 것이다. 이렇게 보면 앞서 언급한 그의 독특한 조어법은 바로 비물질적이면서도 선험적으로 실재하는 시어를 재차 찾아내기 위한, '정치적' 표현을 빌리면, 언어를 복권하기 위한 의식적 언어 실험의 결과라 할 수 있다.

'침묵의 형상을 따른 한마디 말'을 찾아서

'새로운 시어를 창출한다'는 과제가 첼란에게 그렇게 중요했다면, '침묵'의 모티브도 이런 시각에서 접근할 수는 없을까? '말할 수 없는 것에 대해서는 침묵해야 한다'는 언어철학자 루트비히 비트겐슈타인의 명제 이전에도 '침묵'의 모티브는 상당히 복합적이고도 광범위한 문학적 현상으로서 특히 횔덜린, 릴케, 호프만스탈에게까지 이어지는 독일 문학의 전통을 이루어냈다. '침묵'이 문학 속에 체화되는 동기는 다양하다. '침묵'은 시대의 요청에 따라 정치적, 사회적 맥락 속으로 엮이기도 하지만, 개개 작가의 개인적, 문학 내적 구상에 따라 미학적으로 구현되기도 한다. 첼란의 경우가 그렇다. 당시의 특수한 정치적 배경이 그의 '침묵의 미학'에 중요한 단초가 되었음은 부인할 수 없다. 하지만 20세기 초 독일어권 작가들뿐 아니라 정신과학 일반에 걸쳐 광범위하게 대두되었던 언어 위기에 대한 의식이 없었더라면, '침묵'이 첼란에게서 그처럼 첨예하게 표현될 수는 없었을 것이다.

주지하다시피 전통적인 현실 체험은 19세기 중반에 이르기까지 신의 피조물인 자연과 인간의 조화로운 관계에 기초하고 있다. 인간의 이러한 자기이해는 곳곳에 분열적 현상이 목도되던 세기말에 이르러 극단적으로 의문에 붙여지게 된다. 과거 형이상학의 대상이었던 존재의 세계는 이제 자연과학이 발달하게 되면서 물리, 화학, 심리학 등 경험적 개별 학문의 객체로 이전된다. 이에 따라 철학은 이 기존의 대상을 포기하고, 그 대신에 묘사의 수단이자 매개체였던 언어를 새로운 대상으로 삼는다. 모든 철학의 문제들은 언어 연구를 통해 기술할 수 있다는 전제에서 그러하다. 그런 의미에서 언어철학은 하나의 역사적 현상으로서, 형이상학의 위기에 대한 철학 자체의 답변이다.

이렇게 전개된 언어분석 이론은 1930년대에 들어서서 정점에 이르게 되는데, 철학적 사고에서 언어를 실존적으로 재발견한 이 시기는 문학에서 언어가 문제시되기 시작한 시기와 거의 일치한다. 언어가 지시하는 대상인 형이상학적 사변의 문제보다 언어 자체를 오히려 더 중시한다는 점에서 철학과 문학은 일련의 움직임을 공유하게 되는 것이다. 이제 언어는 작가의 의식을 담는 그릇이 아니라 표현의 주체이자 대상이며 인식의 주안점이 되고자 한다. 하지만 언어에 대한 첨예화된 성찰과 요구는 부분적으로 언어에 대한 위기의식에서 비롯되었다는 사실을 간과해서는 안 된다.

오스트리아의 극작가이자 시인 후고 폰 호프만스탈의 가상의 편지글 「찬도스 경의 편지」(1902)는 비판적 언어 인식을 선취하는 글로서 큰 의미를 얻고 있다. 찬도스의 언어적 위기와 일탈은 이후 독일 문학의 '언어'에 지속적으로 반영되는 까닭이다. 찬도스의 절망적 인식은 일차적으로 언어와 현실이 일치하지 않는다는 사실, 즉 언어가 새로운 체험 맥락들에 더 이상 상응하지 않는다는 데 기인한다. 사물을 단순화하는 시선으로, 하나의 개념을 가지고 바라보는 것이 불가능해진 것이다. 결국 찬도스는 마음대로 다룰 수 없는 언어에 집착하기보다는 침묵의 필요성을 절감하면서 글쓰기를 포기한다. 그러나 그에게서 사라진 것은 언어 자체가 아니라 형이상학적 진실에 대한 믿음이며, 그가 인식하게 된 것은 판단의 제한성과 거기서 비롯되는 언어의 제한성이다.

첼란은 「찬도스 경의 편지」를 고향인 체르노비츠에서부터 이미 알고 있었다. 물론 찬도스의 언어 회의가 어느 정도로 첼란의 시세계에 직·간접적으로 영향을 미쳤는가를 확실하게 규명하기는 어렵다. 하지만 언어가 이제 설명의 기능을 포기할 수밖에 없다는 인식에서 첼란의 언어관과 호프만스탈의 관점은 일치하고 있다. 앞서 이 책의 한 장章을 할애한 시인 고트프리트 벤 역시 문학이 현실을 재현하는 수단이 아니라, 문학을 통해 비로소 현실이 만들어진다는 인식을 이들과 공유하고 있다. 이제 어차피 현실의 재현이 문학의 과제가 아니라면, 첼란 시에 내재된 '침묵'의 게스투스는 한층 더 다양하게 분화된 미학적 역할을 할 수 있게 된다. 실제로 침묵은 첼란의 시에 여러 가지 형태로 나타난다. 언어 자체로 재현되거나 주요 모티브로 다루어지기도 하고, 아니면 주제가 되는 경우도 있다. 그러나 가장 많이 관찰되는 것은 이런 다양한 요소들이 침묵과 관련되는 다른 모티브들과 복합적으로 나타나는 양상이다.

첼란은 다섯 번째 시집인 『숨결돌림Atemwende』(1967)을 기점으로 하여 점점 더 '침묵'에 몰두하는 것처럼 보인다. 낱말들이 지나치게 분절되거나 생략되는 경우, 암호화된 신조어들, 심지어 단 하나의 단어도 없이 마침표로만 구성되는 시행도 종종 눈에 띈다. 이 모든 것은 침묵을 구체적이고 적극적으로 언어화하는 미학적 수단이자 결과물이다. 동시에 침묵의 현상이 서서히 첼란 시학의 구심점을 이루어가는 과정을 보여주는 증거이기도 하다.

이런 맥락에서 가히 '침묵'의 결정판을 보여준다고 할 만한 아주 짧은 한 편의 시가 있다. 바로 시집 『숨결돌림』에 수록된 「모래예술은 이제 그만」이라는 이 시는 시인 속에 체화된 언어 회의를 집약하고 있다는 점에서뿐 아니라, 시 자체가 침묵을 시각적, 청각적으로 모방하고 있다는 사실에서도 흥미롭다.

> 모래예술은 이제 그만, 모래책도, 대가도 그만.
>
> 주사위 던져진 것은 아무것도 없다. 얼마나 많은

벙어리들?

열일곱.

너의 질문 – 너의 대답,

너의 노래, 그 노래는 무엇을 알고 있는가?

눈 속 깊숙이,

ㅣ ㅍ은 ㅜㄴ,

ㅣ – ㅡ – ㅜ

KEINE SANDKUNST MEHR, Kein Sandbuch, kein Meister

Nichts erwürfelt. Wieviel

Stumme?

Siebenzehn.

Deine Frage – Deine Antwort

Dein Gesang, was weisst er?

Tief im Schnee

Iefimnee

I–i–e (II 39)

시의 첫 연은 특이하게도 조금 긴 한 행으로 이루어져 있다. 그것도 어떤 형용사나 서술어도 없이, 거의 세 개의 명사 '모래예술Sandkunst', '모래책Sandbuch', '대가Meister'와 이를 부정하는 관사 kein만으로 말이다. 그중 첫 두 명사는 '모래'와 결합된 복합어이다. 모래란 형체를 만들어낼 수는 있지만 특정한 모양을 지속할 수 없는, 고체이면서도 고체의 견고함과는 거리가 있는 애매한 물질이다. 이 속성과 연관지어보면, 모래예술과 모래책은 예술과 책이라는 대상에 내재된 순간성, 즉 무의미성을 상징한다고도 볼 수 있을 것이다. 시의 화자가 삶의 공간에서 체험하는 예술, 즉 시문학은 다름 아닌 '모래예술'이다. 그리고 그리스도를 세 번 부인한 베드로를 연상시키며 세 번 반복되는 부정사 kein은 이 모래예술에 대한 강력한 거부의 몸짓이다. 이런 모래예술, 모래책을 창조하는 예술가라면 더 이상 진실된 '대가'일 수 없다는 메시지로 이 선언적인 첫 행은 마무리된다.

첫 행/연이 어느 정도 연상 작용을 가능하게 하는 반면, 이미 두 번째 연은 독자들을 당황시키기에 충분하다. 모두 다섯 단어를 가지고 어떤 맥락도 찾아내기 힘든 세 행을 만들어내는 것이다. 주사위 던져진 것은 아무것도 없고, 벙어리만 열일곱이라니? 하지만 조금 억지를 부려 '(모래)책'과 '벙어리'가 '언어'와 관련되어 있다고 보면, 첫 두 연은 아주 희미한 연속성을 유지하기는 한다.

세 번째 연이 시작되면, 지금까지 숨어 있던 화자는 '너'에게 말을 걸면서 전면에 등장한다. 첫 연에서 kein이 그랬던 것처럼, dein(너의)은 반복해서 등장하면서 간과할 수 없는 무게감을 지닌다. '너의 질문',

'너의 대답', '너의 노래', 이렇게 세 번이나 연속적으로 되풀이되는 '너'는 대체 누구일까? 여기서 환기시킬 것은 지금까지 이 시에 문장다운 문장이 단 한 번도 등장한 적이 없다는 점이다. 이런 애매한 문장 아닌 문장들을 감안하면, '나'와 '너'로 이루어진 시의 대화 상황은 두 사람 간에 이루어지는 정상적인 그것이 아니라는 말이다. 오히려 최소한의 단어를 사용하는 더듬거리는 독백에 가까운 것이라면, '너'는 다름 아닌 '나' 즉 화자 자신이 아닐까? '너'는 '나'를 노출시키는 일종의 시적 장치라는 뜻이다(화자가 연출하는 이런 류의 대화 상황은 시를 자기 성찰의 차원으로 이행시키기 위해 종종 사용하는 기법이다).

그리고 이제 드디어 완전한 문장, 이 시를 통틀어 유일하게 완전한 문장이 등장한다! "너의 노래, 그 노래는 무엇을 알고 있는가?" 그러나 이 문장은 유감스럽게도 부정에 가까운 '수사적 질문'이다. 즉 내 노래가 알고 있는 것은 아무것도 없다. 모래예술, 또는 모래예술가인 '너의 물음', '너의 대답', 말하자면 '너의 노래'는 모래와 같이 형체 없는 신기루이기에, 거기엔 현실을 파악할 능력도 현실을 담을 능력도 없고, 현실에 이롭게 할 능력은 더더욱 없다. 그렇다면 모래예술을 거부하는 시인의 대안은 과연 무엇일까?

이 시를 통틀어 언어의 형상에만 집중해보면, 가장 시선을 끄는 것은 마지막 연이다. 첫 행 "눈 속 깊숙이Tief im Schnee"에서 각 단어의 첫 자음 t와 sch는 두 번째 행에 이르면 생략된 채, 띄어쓰기 없이 하나의 단어의 모습('Iefimnee')으로 축소된다. 그러나 이 조합은 의미론적 조건은 포기하고 음성적 조건만 충족시키는 인공의 단어일 뿐이다. 이 'Iefimnee'

의 조어 형태는 마지막 세 번째 행에 이르면 훨씬 더 과격해진다. 남아 있던 세 자음 f, m, n조차 모두 생략되어버리는 것이다. 'Iefimnee'는 언어의 최소 단위인 철자 'I–i–e'로 남게 되기까지 완전히 해체되어 마침내 침묵한다. 극도로 축소된 언어 사용, 이렇게 암호화된 시어는 '말'에서 침묵으로 이행되어가는 과정을 그대로 재현하고 있다. 더욱이 끄트머리 모음들의 여운은 마지막 숨을 몰아 내쉬는 듯한 분위기를 독자에게 전달하여 침묵의 효과를 극대화한다.

가히 '와해'라고까지 할 수 있는 이 '과격한' 언어 실험은 뜬금없이 마지막 연에서만 진행되는 것은 아니다. 앞서 지적했듯이, 시는 처음부터 문장이기를 포기하고 최소한의 단어로 의미를 이어나간다. 결국은 침묵에 이르기 위한 준비과정이 아니었던가 말이다. 침묵을 '문자화'하는 독특한 언어 형상은 물론 그 자체로도 흥미롭지만, 이데올로기적 해석을 동반할 때 한층 더 깊은 의미가 부가된다. 즉 침묵으로 마무리되는 시는, 시인 첼란이 일찍이 체험했던 언어 위기의식에 기대어 말하자면, 일차적으로 언어가 현실을 더 이상 재현하지 못한다는 것에 대한, 그리고 언어의 소멸성과 문학의 공허함에 대한 회의를 '언어적으로' 역설하고 있다고 할 것이다.

이런 문제의식은 앞서 「찬도스 경의 편지」에서 이미 선취되고 있다. 주인공 찬도스는 친구 베이컨에게 이렇게 토로한다. "모든 것이 부분으로, 부분은 또다시 부분으로 해체되어, 하나의 개념으로 요약될 수 있는 것은 더 이상 아무것도 없으며" 개개 낱말들은 그 안을 들여다보면 현기증이 일어나는, 공허함에 이르는 소용돌이라는 것이다.

왼쪽은 파울 첼란의 사진이고, 오른쪽은 고향 체르노비츠에 세워진 첼란의 조각상이다.

찬도스의 경우와 유사하게 첼란의 시에서도 언어와 문학에 대한 회의는 침묵으로 강화되는 것처럼 보인다. 결국 '모래예술'을 거부하는 시인의 유일한 대안은 침묵이라는 말이다. '아무것도 지시하지 않는, 현실과 무관한 언어'라는 새로운 문학 강령은 첼란의 침묵의 언어에서 실현되고 있다. 그렇다면 언어에 대한 이러한 절망과 거부를, 그리고 침묵이라는 우회로를 적극적으로 선택한 첼란이 이를 통해 진정으로 얻고자 하는 것은 무엇일까?

돌들의 언어, 수정의 언어

'침묵'의 모티브는 시인들에게 단순히 언어의 표현 능력에 대한 회의를 표출하기 위한 수단에 그치지 않는다. 앞서 전제한 대로, 그런 회의에는 역사적, 사회적 배경이 자리잡고 있다. 첼란이 체험했던 역사적 언어의 과거에서, 다른 말로 하면 언어의 계몽적 기능에 대한 좌절에서 비롯되는 것이라고도 볼 수 있다. 이렇게 해서 첼란의 언어 회의는 경험적 현실의 영역으로 넘어간다. 그리고 그의 침묵 역시 현실의 요청에 눈감아버린 문학에 대한 거부의 몸짓이 된다.

침묵의 정치 사회적 의미가 강령적으로 훨씬 강하게 드러나는 한 편의 짧은 시가 있다. '베르톨트 브레히트를 위하여'라는 모토가 이미 명시하듯이, 아래 시는 브레히트의 문학관에 대한 첼란의 이의 제기에 다름 아니다.

나뭇잎 하나, 나무 없이,
베르톨트 브레히트를 위하여:

이 무슨 시대란 말인가,
대화가
그렇게도 많은 말해진 것을
포함하기에,
그것이 거의 범죄인 이 시대는?

EIN BLATT, baumlos,
für Bertolt Brecht:

Was sind das für Zeiten,
wo ein Gespräch
beinah ein Verbrechen ist,
weil es soviel Gesagtes
mit einschliesst? (II 385)

'나뭇잎'으로 번역된 첫 독일어 명사 'Blatt'는 '종이'라는 의미를 가지기도 한다. 특정 시인의 이름이 드러나는 이 시의 맥락을 고려하여 읽어보면, 이 종이란 보통의 종이가 아닌 시를 쓰기 위한 종이, 또는 시가 적힌 종이, 더 나아가 시 자체로 풀이된다. 그런데 실망스럽게도 이

한 장의 나뭇잎은 나무, 즉 본원에서 떨어져나온 것이기에, 생명력을 상실한 존재일 뿐이다. 같은 맥락에서 브레히트의 문학 역시 생명의 근원에서 유리된 존재로 규정된다. 브레히트는 20세기 초 · 중반의 현실에서 예술의 사회적 사명을 실천하는 역할을 나름대로 충분히 수행했던 작가였다. 그런 의미에서 위 시는 문인들 사이의 직 · 간접적 의사소통을 작품으로 보여주는 '상호텍스트성' 또는 '간텍스트성'의 적절한 예가 되기도 한다. 실제로 첼란의 시는 「후손들에게」라는 브레히트 시의 한 구절에 대한 패러디로 읽힌다.

> 이 무슨 시대란 말인가, 나무에 관한
> 대화가 그처럼 많은 비행들에 대한 침묵을 포함하기에
> 거의 범죄가 되어버린 이 시대는!

위에 인용된 브레히트의 시는 현실을 외면한 '나무에 관한 대화', 다시 말해 내면적 아름다움과 조화를 노래하는 문학을 비판하면서, 사회를 향한 문학의 필요성을 피력한다. 문학이 아름다움을 추구하는 자기만족적인 목적만 앞세운 채, 부조리한 현실에 침묵하여 책임을 유기하는 것에 대해 경종을 울리는 것이다.

이런 브레히트에 반해 첼란은 언어와 문학이 사회에 직접적으로 간섭해야 한다는 데 동의할 수 없는 것처럼 보인다. 첼란에게 브레히트의 문학은 실천이 없이 '너무나 많은 것'을 이야기할 뿐이며, 그런 성향을 가진 문학으로부터 무언가를 기대하는 것은 헛된 일이라는 자기 경험

때문이다. 문학의 적극적이고 긍정적인 역할을 포기할 수밖에 없었던 역사를 이미 뒤로한 첼란은 역설적이게도 일견 소극적인 언어, '침묵의 언어'를 선택한다. 침묵할 수밖에 없게 만드는 사회적 정황과 이에 따른 문학의 역할과 사명에 대해 더욱 적극적으로 성찰하게 하는 것은 오로지 침묵이라는 처절한 인식에서다.

첼란이 구사하는 침묵의 이미지는 특이하게도 어떤 특별한 조합을 반복적으로 보여준다. 침묵은 자연의 여러 가지 모티브들을 통해 공감각적으로 가시화된다는 말이다. 특히 이들에 부가된 차가움이나 단단함, 또는 무생물적 이미지는 언어적으로 침묵과 연관되어 시에 등장한다. 예를 들어 얼음과 눈은 음향의 부재를 연상시키는 모티브로 자주 활용된다. 앞서 살펴보았던 시 「모래예술은 이제 그만」도 그 자체로 침묵인 깊은 눈 속에 언어가 해체되거나 와해되는 과정을 다름 아닌 시어 자체를 통해 보여주었다. 여기 머물지 않고 첼란은 얼음이나 모래와 유사한 물질성을 가진 수정이나 돌 모티브를 찾아내어 침묵의 이미지를 더욱더 밀도 있게 확대시켜나간다.

그리고 내 말의 과잉:
너의 침묵의 옷을 입은 조그만
수정에 자리잡고. (I 157)

시 「아래Unten」는 앞서 브레히트에 대한 패러디 시 「나뭇잎 하나」를 자연스레 떠오르게 한다. '말의 과잉'이 거의 범죄가 된 세상, 언어가

본원적 의미와 책임을 상실한 이 시대에 시는 침묵할 수밖에 없다고 역설하기 때문이다. 시에서 침묵은 수정의 이미지를 입고 있다. 수정은 소리 없는 돌의 견고함을 극대화한 물질로서, 타협할 수 없는 굳은 침묵을 구현한다 할 것이다.

여기서 흥미로운 것은 침묵과 말의 관계다. 이 상반되는 개념은 동시적으로 나타날 뿐 아니라 서로를 배제하지 않고 지지하는 역할을 한다. 비록 침묵의 옷을 입기는 했지만, 수정의 다양한 형체와 각면은 바로 '내 말의 과잉'을 보완할 만한 가치에 상응한다. 언어는 그 자체로 완전한 것이 아니라 항상 자신을 둘러싸고 있는 침묵과의 관계 속에 존재하기 때문에, 침묵이 없다면 언어에도 의미가 있을 수 없다는 말이기도 하다. 첼란에게 언어의 이런 이중성은 모순이라기보다는 언어에 고유하게 내재된 특성이다. 그리고 바로 여기에 언어와 침묵의 변증법의 핵심이 있다.

그렇다면 첼란의 언어는 굳이 왜 이런 모순적인 우회로를 선택했을까? 시 「머리카락」은 이 문제에 대한 해답을 제시하고 있다.

> (……) 나를 피해갔던 한마디 말,
> 언어로 인해 내 입술에서 피가 흘렀을 때.
> 이것은 말들을 스쳐간 한마디 말,
> 침묵의 형상을 따르는 한마디 말 (……). (I 92)

일견 이 시는 전반적으로 '나'와 '너'의 사랑의 관계를 묘사하는 시로 보인다. 하지만 '사랑'과 '언어'의 모티브가 서로 얽히면서 문학의 언어, 시어의 본질에 대한 성찰을 궁극적인 주제로 한다. 사랑의 말처럼 시어는 내밀하고 본질적인 언어를 상징한다. 사랑의 순간에 말해진 '한마디 말'이 수많은 말들에 대치되는 것처럼, 시는 일상의 많은 말들로 이루어지는 것이 아니다. 모든 말 중 가장 마지막 순간에 걸러지는, 다른 모든 말들로부터 구분되는 이 시어는 경이롭게도 '침묵의 형상'에 따르는 말로 규정된다.

그런데 '형상에 따라'로 번역되는 독일어 원문의 표현 'nach dem Bilde'를 어떤 것에 유사하다는 의미로만 제한한다면, 이것은 너무 단순한 읽기 방식이 될 것이다. 이 표현은 오히려 '전형'의 뜻으로 이해하는 것이 더 설득력 있다. 기독교의 창조 역사에서 인간이 야웨의 모습을 모범으로 하여 만들어진 것과 같은 맥락에서 말이다. 이렇게 해서 침묵의 언어는 시어의 전형으로서, 언어가 가지고 있는 '창조력'을 독자에게 환기시킨다. 세상을 창조한 야웨의 '말씀'은 일방적 특성을 지닌다. 상호 소통의 도구이거나 언어 외적인 상황을 중재하는 일상적 수단이라기보다는, 무에서 유를 창조하는 힘을 가진 언어이다. 그리고 이것은 '한마디 말'로도 충분하다. 이는 시어, 즉 침묵의 언어에도 그대로 적용되는 원칙이다.

상실의 시대의 언어의 복권

시어와 침묵의 언어가 갖는 관계에 대해 첼란은 뷔히너 상 수상 연설에서 일종의 시학적 강령으로 적확하게 요약하고 있다.

> 시는 (……) 침묵에로의 성향을 강하게 보여줍니다. (……) 시는 자기 자신의 언저리에서 자기를 주장하는 것입니다. 존재할 수 있기 위해 시는 '이미-더 이상-아닌' 자신의 상태로부터 '아직도-여전히' 존재하는 자신의 상태로 스스로를 돌이켜 부르고 또 돌이킵니다. (III 197)

시와 침묵은 설명하지 않는 언어, 일상의 '언저리'의 언어, 그러나 또한 그런 의미에서 역설적이게도 언어의 '중심'으로 향하기를 애쓰는 본질적 언어이기도 하다. 의식적이든 무의식적이든 첼란은 서정시의 언어를 침묵의 모습으로 '낯설게' 했고, 콘텍스트로부터 이탈시켰다. 그렇다면 이 침묵이 이루어내는 미학적 결과는 과연 어디에 있으며, 그것이 첼란의 문학세계에서 차지하는 비중은 무엇일까?

혹자는 정치적 배경 하에 이렇게 설명한다. 언어로 체험되고 인식된 과거는 첼란에게서 바로 언어를 포기하고 침묵함으로써 지양된다는 것이다. 그리고 몸소 겪었던 역사적 사건을 소멸된 것, 또 '일어나지 않은 것'으로 만드는 첼란의 노력을 강조함으로써 그의 문학을 일반적인 홀로코스트 문학의 범주에 합류시킨다.

그러나 시인에게 더욱 중요했던 것은 언어나 이미지로 재현될 수 없는 고유한 어떤 것이었다. 흔히 말하듯, 그에게 언어는 침묵의 형벌을 담당해야 하는 과거의 죄과가 아니다. 첼란은 언어가 '상실의 시대에도 남아 있는 것'이라 확신한다. 그러므로 남아 있는 이 시어를 찾아내는 노력이 지금 시인에게는 시를 쓰는 이유이자 시의 핵심인 것이다.

> 도이칠란트는 이리저리 떠돌고 있다, 마치 언어처럼.
> 그것을 버리라, 그것을 버리라,
> 그 후에야 그대 다시금 그것을 얻으리니. (I 285)

위 구절은 앞서 말한 언어의 사회적 기능에 대한 회의와 절망만을 토로하지 않는다. 여기서 독자의 귀를 울리는 것은 언어의 상실, 즉 과거 언어와의 단절을 통해서 비로소 새로운 언어를 얻을 수 있다는 희망적 메시지이다. 이러한 사고의 순환은 자신의 침묵을 통해 언어의 제한성을 극복하고 사물에 더 정확한 언어를 찾아내야 한다는 찬도스의 결론과 일치한다. 언어와 현실의 불확실성에서 야기된 언어 와해 현상에서 탈피하여 새로운 시어를 구축해야 한다는 유토피아적 명제는 모순적이게도 와해의 과정을 통과해야만 실현 가능하다. 언어의 전통적 기능인 지시적 기능, 즉 의미론과 문장론의 조화로운 합을 포기하는 것이다. 이런 관점에서 찬도스와 첼란은 언어철학을 넘어선다. 이들에게는 언어의 새로운 기능으로 해체적 기능이 첨가된다. 그러나 이 해체는 해체를 위한 해체가 아니라, 아직 인식되지 않은 진실을 새로이 추구하는 수단의 의미를 갖는다. 이렇게 볼 때 이 해체적 기능에는 역설적으로 구성적 기능이 주어진다. 종래의 의미론이 사물과 언어의 관계에 제한되었다면, 바로 이 해체적인 동시에 구성적인 기능을 통해서는 이 둘의 상호 억압적 관계를 넘어서는, 오로지 시적인 언어가 창출되는 것이다.

무엇인가를 의미하려는 압박감에서 해방될 때, 언어적으로 아직 도달되지 않은 것을 향한 몸짓으로서, 문학 자체에 대한 글쓰기로 해석되는 시가 만들어진다. 그리고 이렇게 탄생한 시어는 지나친 정치적 해석으로부터 자유로운, 보다 열린 해석을 독자에게 요구한다. 바로 이 점에서 언어와 침묵의 모순은 변증법적으로 해결될 수 있는 것이다.

이 글은 첼란의 시가 메타시라는 사실, 즉 자신의 말하기, 글쓰기의 시학적 토대에 대한 진술이라는 데서 출발하여, 첼란의 언어관과 시에 대한 견해에 좀더 가까이 가려는 시도였다. 그의 언어관은 「찬도스 경의 편지」 이후 대두된 언어의 표현 능력에 대한 회의뿐 아니라, 언어의 사회적 기능에 대한 회의에 기인한다. 그러나 첼란의 고유한 점은 이 회의를 침묵으로 강화하여 독백적 비의시로 농축했다는 데만 있지 않다. 그는 오히려 문학의 언어조차도 현실 언어를 그르침을 인식하면서, 새로운 시어를 창출하고자 했다. 이것은 언어회의론자나 분석철학자들처럼 소위 사물의 현실에 더 정확한 언어를 찾아내는 것도, 절대적 언어를 추구하여 신비한 언어의 영역 속에 시를 가두는 것도 아니다. 이 새로운 시어는 역설적이게도 침묵을 통해 첼란에게 가능해졌다.

결국 '왜 침묵하는가'라는 물음은 '말한다는 것은 궁극적으로 무엇을 의미하는가', '문학, 즉 글쓰기는 무엇을 의미하는가'라는 문제에 대한 답변을 유도한다. 따라서 이때의 침묵은 일반 변증법에서처럼 합으로 가는 과정인 반反의 의미에서가 아니라, 언어와 더불어 동시에 존재한다는 의미에서 이미 현존하는 시어이다.

그러나 이런 '선의'의 해석에도 불구하고 첼란의 침묵의 미학에는 많은 것이 불투명하게 남아 있다. 그리고 이 불투명성은 그의 시가 비의시로 간주되도록 하는 원인이 되어왔다. 현실의 제약을 넘어서서 시에 대한 유토피아적, 메시아적 희망을 품고 있다는 점에서 그의 시는 어쩌면 영원히 파라독스로 남게 될지도 모른다. 따라서 언어에 대한 그의 극단적 태도는 그의 의도와는 달리 대화를 어렵게 하는 위험 요소임에 틀림없다는 비판은 여전히 유효하다. 하지만 바로 그의 언어 사용을 둘러싼 이런저런 논란의 여지 때문에, 그의 시는 곧 새로운 읽기 방식을 요구하는 동시에, 그 읽기 방식을 통해 새로운 현실을 창출하기를 개개 독자에게 기대한다. 인식에 이르는 독서를 요구하며, 독자 자신까지도 독서의 대상으로 확대시킬 것을 요구하고 있는지도 모른다. 어쨌든 이 주제와 관련해서 결론적으로 말하면, 첼란은 생의 마지막까지 화해할 수 없었던 바로 그 하이데거를 통해 자신의 미학을 이렇게 방어하고 있다고 볼 수 있을 것이다.

> 진술하기와 말하기는 같은 것이 아니다. 어떤 이는 말한다, 끊임없이. 하지만 말해진 모든 것은 아무것도 진술하지 않는다. 그와 반대로 누군가는 침묵한다. 그는 말하지는 않지만 이 말하지 않음을 통해 많은 것을 진술한다.

Paul Celan, *Gesammelte Werke in 5 Bänden*, Frankfurt a.M., 1992.

찾아보기

47 그룹 213, 232
가이아Gaia 61
간텍스트성 52, 276
게오르게George, Stefan 145
계몽주의 34-5, 41, 69, 71-2, 194
고전주의 228
괴테Goethe, Johann Wolfgang von 13, 51, 66-71, 74, 78-9, 140, 198, 207-9
구체시 232, 262
그리펜케를Griepenkerl, Christian 74
김현승 16, 181-9
나폴레옹Napoleon, Bonaparte 198
낭만주의 40-1, 51, 93, 133
낯설게 하기Verfremdung 134, 218-9
네 번째 벽Vierte Wand 224, 230
네루다Neruda, Pablo 15, 156
니체Nietzsche, Friedrich 13, 15, 46-51, 64, 74, 77-8, 83, 94, 100, 106, 113, 140, 148-51
니힐리즘 131, 142, 148-50
다성주의 201, 207
단테Dante, Alighieri 161
데카당스 14, 83, 85, 89, 92, 99-100, 105-6, 108-9, 112-3
드빌Deville, Michel 241
디오니소스Dionysos 44, 48, 50, 93-4, 98,

100, 102-3, 105-6, 113, 149
랭보Rimbaud, Arthur 145
러셀Russel, Elsie 74
레드포드Radford, Michael 160
레비Levi, Primo 248
로고스 140, 144
롤랑Rolland, Romain 198, 207
루벤스Rubens, Peter Paul 13, 74, 201
루소Rousseau, Jean-Jacques 72
르네상스 83, 85, 91, 194
리스트Liszt, Franz 13, 74
릴케Rilke, Rainer Maria 16, 132, 169-79, 181-2, 188-9, 198, 265
만Mann, Thomas 14, 81-2, 84, 89, 91, 93-4, 97, 99-100, 109-10, 112-5
말라르메Mallarmé, Stéphane 145
말러Mahler, Gustav 110-1
메디치 가 91
모더니즘 50, 117, 132-3, 144-5, 148
모로Maureau, Gustave 74-5
모자이크 40-1, 198
미메시스 133
미유 미유Miou Miou 241
미켈란젤로Michelangelo 84
바그너Wagner, Richard 89, 113
반연극 219
발레리Valéry, Paul 145
베르길리우스Vergilius 161
베를렌Verlaine, Paul-Marie 145
베아트리체Beatrice Portinari 156, 161
베토벤Beethoven, Ludwig van 163, 198, 202
벤Benn, Gottfried 15, 131-6, 138-42, 144-50, 233, 267
보들레르Baudelaire, Charles 145
보롭스키Borowski, Tadeusz 248
보티첼리Botticelli, Sandro 91
브레히트Brecht, Bertolt 131-2, 134, 218, 224, 259, 274, 277
비너스Venus 89-91, 93, 113-4
비스콘티Visconti, Lucino 14, 81, 89, 94, 110-2
비의시hermetische Lyrik 282
비젤Wiesel, Elie 248
비트겐슈타인Wittgenstein, Ludwig 265
사르트르Sartre, Jean-Paul 145
삼통일의 개념 228

상징주의 133, 145, 150
상호텍스트성 52, 276
샐먼Salmon, Christian 200
샤미소Chamisso, Adalbert 51
셰익스피어Shakespeare, William 72
셸리Shelley, Percy Bysshe 185
송경아 14, 117, 120, 122-4, 127
쇼펜하우어Schopenhauer, Arthur 93
슈베르트Schubert, Franz 74
슐링크Schlink, Bernhard 18, 241, 245, 248, 257, 259
스카르베타Skármeta, Antonio 159
아렌트Arendt, Hannah 248
아르님Arnim, Bettina von 198, 207
아리스토텔레스Aristoteles 219, 257
아메리Amery, Jean 248
아이헨도르프Eichendorff, Joseph von 51
아폴론Apollon 90, 93-4, 98, 103
아폴리네르Apollinaire, Guillaume 145
안타고니스트 30-1, 35
야나첵Janáček, Leoš 200
야스오, 후루하타 258
언어극 219-20, 236
에로스 90, 98-9
에피메테우스Epimetheus 63
영점 시대 18, 261-2
예술을 위한 예술 106
우라노스Uranos 61
유미주의 106-7, 109, 113-4
음화 16
이아페토스Iapethos 61
자유리듬 13
제멜레Semele 96
제우스Zeus 13, 55, 61, 63-5, 74, 96
쥐스킨트Süskind, Patrick 12, 23, 25, 30, 37, 45, 52, 106
질풍노도Sturm und Drang 66, 69, 71
천재시행Genievers 66
첼란Celan, Paul 18-9, 150, 233, 263-8, 272-4, 276-83
초현실주의 133, 145
카프카Kafka, Franz 26, 132
케이지Cage, John 231-2
코르뱅Corbin, Alain 51
코시에Cossiers, Jan 74
쿤데라, 밀란Kundera, Milan 17, 193-211

클롭슈톡Klopstock, Friedrich Gottlieb 66
트로이시Troisi, Massimo 158, 166
파울Paul, Jean 148
파이드로스Phaidros 98
패치워크 기법 198
포스트모더니즘 13, 50-2, 198, 209
포에지 146
포이에시스 133, 144
프랑스 혁명 69
프로메테우스Prometheus 13, 61-8, 70-1, 74-9, 140, 151
프로타고니스트 30, 35
피카소Picasso, Pablo 202
하이데거Heidegger, Martin 284
한트케Handke, Peter 17, 213-4, 218-9, 223-6, 228, 231-4, 237
허무주의 142, 149
헤겔Hegel, Georg Wilhelm Friedrich 93, 111, 148
헤르메스Hermes 103, 109
헤밍웨이Hemingway, Ernest 198, 207-8
헤세Hesse, Hermann 132
호프만스탈Hofmannsthal, Hugo von 145-6, 150, 265, 267
회스Hoess, Rudolf 248
횔덜린Hölderlin, Friedrich 66, 265
히브리즘 184

나르시스의 연못

-문학 속에 담긴 문학의 자화상-

펴낸날 1판 1쇄 2008년 5월 23일
지은이 장미영
펴낸이 최민숙 | **펴낸곳** 이화여자대학교출판부
주소 서울특별시 서대문구 대현동 11-1(우 120-750) | **등록** 1954년 7월 6일 제9-61호
전화 02) 3277-2965, 2966(편집팀) 02) 3277-3164, 362-6076(영업팀)
팩스 02) 312-4312 | **전자우편** press@ewha.ac.kr | **인터넷서점** www.ewhapress.com
책임편집 이혜지 | **디자인** 정혜진 | **찍은곳** 한영문화사

ISBN 978-89-7300-788-2 93850

값 15,000원